続 それでもバカとは戦え

適菜 収
Osamu Tekina

日刊現代／講談社

はじめに

本書は『日刊ゲンダイ』連載の「それでもバカとは戦え」を単行本化（第2弾）したものである。お読みになればわかるように、連載当初から私は自民党をきつい言葉で批判してきたが、やはり、日本は大きく道を踏み外したとしか言いようがない。その結果が、現在誰の目にも明らかになってきた国力の低下である。

戦後日本の知的混乱は、ついには究極の売国奴、反日カルトの広告塔である安倍晋三を「保守」と誤認するに至った。

もちろん、小泉純一郎政権以降加速した周辺メディアを利用した国民の洗脳工作の影響も大きい。連中は、単に大勢の人々を騙《だま》すのではなく、「騙されたい人」を育成する。自発的に騙される人、無意識に洗脳される人が増えることによりプロパガンダは完成する。

その際、言葉の混乱は最大限に利用される。

作家の三島由紀夫は「政治が今日ほど日本語の混乱を有効に利用したことはない」と言った。「保守」という言葉が典型だ。今の日本では、保守という言葉が、単なる体制派、自民党支持者、親米といった程度に使われている。

しまいには、ウォール街にひたすら媚《こ》び、ダボス会議で徹底的に日本の権益を破壊すると宣言し、北方領土の主権を事実上放棄し、TPPなどの不平等条約締結に邁進《まいしん》し、保護貿易を否定し、日米地位協定を維持し、国民のライフラインである水道の民営化を目論《もくろ》み、外国勢力が放送を乗っ取るようにお膳立てし、支離滅裂の加憲論により改憲派が積み上げてきた議論を全部ぶち壊した安倍という国賊が、なぜか「保守」として扱われてきた。

だから、政治について議論するときは、混乱した言葉をきちんと本来の定義、歴史的に使われてきた意味合いに戻さなければならない。

それでは「保守」とは何か。ひとことで言えば、「近代の負の側面の暴走を警戒する姿勢のこと」である。近代は前近代的の共同体を破壊し、国家に再編する運動だが、その背後にあるのは資本の要請による人間の数値化、概念化、社会の合理化である。保守主義は、それにより失われるものをまさに「保守」するという文脈で発生している。たとえば、エドマンド・バークが人権宣言を批判したのは、人民の権利を抽象的な概念と結びつけたからだ。自由や平等といった権利は、先祖から相続されたものであり、抽象ではないと。イギリス人には具体的な「イギリス人」の権利があるだけで、それは歴史的に獲得してきたものであると。社会や歴史と結びついた権利を、神格化すれば暴走するのは必然とバークは見抜いたわけだ。実際、フランス革命は、自由の名の下に自由の抑圧が、正義と人権の名の下に大量殺戮《さつりく》が行われた。バークが言うように「秩序によって制御されない自由は自由自体を破壊してしまう」のである。

保守は人間理性を信仰しない。人間は合理的に動かないし、社会は矛盾を抱えている。よって、保守は権力を警戒し、権力を分散させる制度を重視する。「伝統の擁護」といった保守の性質も、「理性に対する懐疑」ということで説明できる。非合理的に見える伝統や慣習を理性により裁断することを警戒するわけだ。

一方、自民党がこの30年にわたりやってきたのは権力の集中と人治国家化である。そう考えると、現在わが国で「保守」とされているもの、あるいは「保守」を自称する勢力の大半は、その対極の愚劣なエセ保守であることがわかると思う。

なお、基本的に敬称は省略させていただいた。

2024年5月　　適菜 収

目次

第2章　腐敗した権力構造に加担するマスメディアの罪……49

2022年1月〜3月

第3章 政界に巣食った厚顔無恥な面々を許すな……69

2022年4月～6月

第4章 安倍がいない世界に醜く残り続ける〝エセ保守〟たち……87

2022年7月～9月

第5章　やりたい放題のバカ総進撃を阻止しなければならない……107

2022年10月〜12月

第6章 何度も騙される選挙民が導いた国難 …… 135
2023年1月〜3月

第7章 〝妖怪の孫〟を放置し三流国に転落したニッポン …… 153
2023年4月〜6月

第8章　半グレ政党「維新」は一刻も早く消滅すべし

2023年7月〜9月

第9章　次々に露呈した腹黒すぎる詐欺集団の手口 …… 197

2023年10月〜12月

最終章　危機管理能力ゼロの自民党とは決別せよ！ …… 219

2024年1月〜3月

第1章

2021年9月〜12月

繰り返される絶望的ルーティン「バカの次にバカが首相に」

●この期間の主な出来事

9月5日：東京パラリンピックの閉会式が行われる
9月29日：菅義偉の任期満了に伴う自民党総裁選挙の結果、岸田文雄が第27代自民党総裁に就任
10月4日：岸田文雄が第100代内閣総理大臣に選ばれる
10月31日：第49回衆議院議員総選挙で自由民主党は公示前の276議席から減らし、261議席を獲得
12月22日：オミクロン株の市中感染が大阪府で確認される

＊本文中の年齢、肩書、役職、組織名などはすべて当時（以下同）

来る総選挙は日本が完全に終わるか、自民党が終わるかの二択

安倍晋三のツイートを見て驚いた。

ナチス礼賛で有名な高須克弥のツイートに対し「高須先生。素敵です。」とリプを返していたからだ。このツイートとリプ自体に問題があるわけではないが、愛知県の不正リコール問題に関与していた陰謀論者のネトウヨに元首相がこうしたメッセージを送ることは国際社会にどのように映るのだろうか？

高須は過去にこんな発言を繰り返している。

「(日本では) 堂々とナチス本も出版できる。めでたいことだ。♪盟友ナチス♪」

「ドイツのキール大学で僕にナチスの偉大さを教えて下さった黒木名誉教授にお会いした」

「彼（ヒトラー）の発言では高潔な人物のように思えますが、皆さんはどう思われるだろうか？」

「南京もアウシュビッツも捏造だと思う」

安倍の周辺はこんなのばかりだが、安倍の総理復帰を猛烈にプッシュしていた高市早苗も同類だ。２０１４年9月にはネオナチ団体代表とツーショット写真を撮っていたことが発覚。高市は「思想信条がわかっていたら、会いもしなかったし、写真も撮らなかった」と釈明したが、過去にナチス礼賛本「ＨＩＴＬＥＲ　ヒトラー選挙戦略」に推薦文を寄せていたことも判明。著者は自民党東京都支部連合会事務局広報部長だった小粥《おがい》義雄だ。

13年7月、麻生太郎は憲法改正をめぐるシンポジウムに出席し、「ある日気づいたら、ワイマール憲法が変わって、ナチス憲法に変わっていた。誰も気づかないで変わった。あの手口に学んだらどうかね」と発言。17年8月には、派閥研修会で「(政治は)結果が大事だ。何百万人も殺しちゃったヒトラーは、いくら動機が正しくてもダメなんだ」と述べている。ヒトラーの動機は正しいらしい。要するにナチス礼賛は現在の自民党の体質によるものであり、連中はうっかり本音を漏らしただけだ。

高市は菅義偉の自民党総裁任期満了に伴って行われる予定の総裁選に出馬を表明したが、アベノミクス路線の継承とバージョンアップを掲げて戦うとのこと。安倍周辺のいかがわしいメディアやお馴染みのネトウヨ言論人も高市を礼賛していたが、いつまでこの類いの連中に政治をやらせるつもりなのか。
次の選挙は日本が完全に終わるか、自民党が終わるかの二択になるだろう。
（2021年9月4日）

どれを選んでも地獄　自民党総裁選は「究極の選択」

昔、「究極の選択」というのがあった。うんこ味のカレーか、カレー味のうんこかどちらかを選べみたいな。今回の自民党総裁選（17日告示、29日投開票）もそれに近い。どれを選んでも地獄だが、中でも最悪なのは河野太郎だ。自己愛過剰で幼児的全能感が暴走。新型コロナのワクチンに関しても「僕を褒めて」とパフォーマンスに終始し、都合の悪いことは徹底的に隠蔽する。モデルナ製ワクチンの6月末までの供給量が当初の予定より3分の1に減ることをゴールデンウイーク前に把握しておきながら、7月になるまでその事実を隠蔽。ワクチンに関するデマに警戒するように呼びかける一方で率先してデマを流す。400万回以上再生されたネット動画では「いろんな国の様子を見てると、たぶん発症しないとか重症化しないいだけじゃなくて、ワクチンを打ったらたぶん感染しないっていうことも言えるんだと」と発言。もちろんワクチンを打っても感染する。

河野は政治家以前に人間として問題が多すぎる。都合の悪い質問には「次の質問どうぞ」と完全スルー。まともな答弁をしない菅義偉よりひどい。

高市早苗もしゃれにならない。2014年9月にはネオナチ団体代表とツーショット写真を撮っていたことが発覚。高市は「思想信条がわかっていたら、会いもしなかったし、写真も撮らなかった」と釈明したが、過去にナチス礼賛本「HITLER　ヒトラー選挙戦略」に推薦文を寄せていたことが発覚。総務相だった16年には「国は放送局に対して電波停止できる」と国会答弁していた。その他、夫が元暴力団組員の野田聖子とか、国民にケンカを売っているのか？

岸田文雄はテレビ番組で森友事件に関し「国民が足りないと言っているので、さらなる説明をしなければならない課題だ」などと言っていたが一連の疑惑追及から逃亡中の安倍晋三が高市支援を打ち出すとすぐに腰砕けに。ネット番組で再調査は必要ないとの考えを示した。自民党にはすでに自浄能力はない。誰が自民党総裁になろうと悪政は続く。

総選挙で判断すべきポイントは政策でもビジョンでも公約でもない。新自由主義と政商とカルトの複合体である安倍―菅政権下で、これまでなにをやってきたかである。判断を間違えれば、この先もうんこを食うことになる。

（2021年9月11日）

喜々としてデマ便乗　国を破壊してきたのはどっちだ

弁護士の八代英輝が、日本共産党に関するデマをテレビ番組で垂れ流した。八代はTBS系「ひるおび！」（10日放送）にコメンテーターとして出演。野党4党（立憲民主、共産、社民、れいわ）の次期衆院選での共闘について「共産党はまだ暴力的な革命ってのを党の要綱《ようこう》として廃止していませんから、よくそういうところと組もうって話になるなと個人的には感じますね」と発言した。

要綱は綱領《こうりょう》の言い間違いなのだろうが、これはシンプルなデマである。弁護士なのだから、共産党が暴力革命路線を放棄していることを知らないわけがない。仮に知らなかったとしたら、それに反発した新左翼の動きも、日本の現代史もまったく知らないということになる。さすがにそれはありえない。よって、野党共闘を潰すために選挙直前を狙って確信犯的にデマを流した可能性を疑われても仕方がない。

番組は「日本共産党の綱領にそのようなことは書かれていませんでした。訂正しておわびします」と謝罪（13日）。八代は「私の認識は閣議決定された政府見解に基づいたものでした。一方、日本共産党はそれをたびたび否定していることもあわせて申し上げるべきでした」などと言っていたが、話をゴマカすな。問題になったのは「私の認識」ではなく、デマを流したことである。

また、謝れば済む話でもない。デマを流すのは簡単だが、デマを修復するのは難しい。テレビ番組で「八代の弁護士事務所は暴力団」とデマを流しても謝れば納得するのか。

デマゴーグを放置すれば社会はどんどんおかしくなっていく。実際、維新の会の議員らがこのデマに便乗。足立康史は〈逆にＴＢＳが謝罪とか訂正とかしたら、大変な問題になる〉、音喜多《おときた》駿は〈共産党は公安も認定する通り暴力革命の路線を捨てておらず、ＴＢＳ番組でコメンテーターの方が言いたかったことは正しいです〉とツイート。

これも論点のゴマカシだが、そもそも今の日本共産党は暴力革命路線どころか、かなり保守色が強い。一方、「社会をリセット」だの「新しい国をつくる」だのと騒ぎ、国を破壊してきたのは、新自由主義と政商、カルトに乗っ取られた自民党であり、その補完勢力としての維新の会である。公安が監視対象とすべきはこうした連中ではないか。

（2021年9月18日）

恣意的な警察権行使か？　ヘマか？　共産党議員の書類送検

共産党の山添拓参議院議員が、昨年11月3日に鉄道写真の撮影目的で秩父鉄道の線路内に許可なく立ち入ったとして、埼玉県警は9月16日付で鉄道営業法違反（鉄道地内立ち入り）容疑で書類送検した。

山添の説明や報道によると、この日は埼玉県長瀞町で電気機関車を臨時運転するイベントが開かれており、地域住民により渡し板がかけられていた箇所を、列車が接近していない時間帯に他の複数の鉄道ファンとともに1秒程度で渡ったとのこと。地域住民による踏み固められた跡があり、道のようになっていたので生活道路の一部と誤解したらしい。

これには多くの人々が呆れ返ったようだ。埼玉県警に対して、SNSには「総選挙いた。「この程度の微罪で1年も経ってから書類送検するのはおかしい」「公安が仕組前に共産党のイメージダウンが謀られたのではないか」という意見が多く投稿されてんだ謀略ではないか」などと。

たしかに、山添は政権批判の急先鋒だった。安倍晋三による「桜を見る会」の私物化問題や検察庁法案に深く切り込んでもいた。しかし、単なる推測と現実を一緒にしてはいけない。たとえ微罪であろうと、法律違反は法律違反である。陰謀論は不毛だし、なんらかの大きな力が働いたとも考えにくい。なぜなら今回の件で目立ったのは山添の誠実さであるからだ。彼は事実を丁寧に説明し、何度も謝罪した。それが共産党のイメージアップにつながった可能性もある。

仮に権力の上層部の意向、あるいは忖度による謀略なら、そんな〝ヘマ〟はしないだろう。問題の本質は、山添とともに線路を横切った「複数の鉄道ファン」が書類送検されたかどうかである。特定の職業の人間が狙い撃ちにされたなら、恣意的な警察権の行使と言わざるを得ない。これは「法の支配」の問題だ。メディアはそこを報じるべきである。国家の信頼を根底から揺るがす不祥事を次々と引き起こし、国会で虚偽答弁を続け、説明から逃げ回っている安倍晋三という男がいる。

安倍政権下の2015年には首相補佐官が「法的安定性は必要ない」と暴言を吐いた。これは法治国家から人治国家への転落を意味する。恣意的な法の運用は確実に国家の息の根を止める。

（2021年9月25日）

アベ巣食う自民党の茶番　必要なのは悪党の下野だ

今回の自民党総裁選で明らかになったのは、誰が総裁になろうが腐敗の大本を断ち切らない限り、国も社会も正常化しないということだ。

米紙ワシントン・ポストは「日本の指導者コンテストの勝者は安倍晋三だ」と掲げた分析記事（9月16日付電子版）を掲載。それが意味するのは、総裁選の候補者は安倍の影響力から逃れることはできないということだ。

要するに茶番。結局は自民党中枢に巣くう安倍とその周辺が裏で動いているのだ。

現在の安倍の行動基準は、森友加計問題、桜を見る会事件、広島巨額買収事件など一連の安倍事件の追及から逃げ切れるかどうかなので、何をしでかすかわからない河野太郎を警戒し、忠犬の高市早苗を推したところまではわかりやすい。岸田文雄はテレビ番組で森友加計問題について「国民が納得するまで努力をすることは大事だ」と発言したが、安倍が激怒すると、わずか4日で再調査はしないと撤回。

こうした安倍の公私混同も甚だしい汚い手口を、「キングメーカー」だの「軍師」だのともてはやす連中がいるが、愚劣にも程がある。

報道によると、安倍は党所属議員に電話をかけて高市の応援を依頼しまくり、挙げ句の果てには高市の服装やメークにも口を出しているという。

なにが軍師か。新型コロナをはじめあらゆる問題に立ち向かうどころか、敵前逃亡を続けた単なるヘタレではないか。

安倍とその周辺は日本を完全に破壊した。成長率は停滞、賃金は長期低迷、格差は拡大。今回、総裁選に立候補した連中も同じ穴のムジナ。オンライン討論会で、首相に就任した場合、安倍を外相や防衛相に起用する考えの有無を問われると、河野は「独自に海外へ出て、日本の立場を発信する役割を果たしてもらえる」。

岸田は「安倍氏の存在は国際社会で大変大きい」。高市は「手本にしたい外交だ」。野田は「元首相の肩書でさまざまな国のＶＩＰ（最重要人物）と外交交渉できる」と礼賛。

だめだ、こりゃ。北朝鮮拉致問題は放置、北方領土の主権は棚上げ。トランプやプーチン、習近平には媚を売り続け、60兆円を海外にばらまき、「歩くATM」「鴨ネギ」と揶揄《やゆ》された。これが安倍外交の実態だ。

今、必要なのは悪党を下野させることである。

（2021年10月2日）

また？ 山師小池と「ファーストの会」の役割

小池百合子が特別顧問を務める地域政党「都民ファーストの会」の荒木千陽代表が、記者会見を開き、国政政党「ファーストの会」を設立すると発表した。

次の衆院選で東京を中心に候補者を擁立するという。小池は「都民ファーストの会の皆さんがなにやら動いておられるということについて、私は関与・関知しておりません」と繰り返したが、いつも通りの嘘だろう。

荒木は、結党に向けて小池と相談し一緒に党名を決めたと言っている。ここで嘘をつく必要もメリットもない。要するに小池は明白に「関与・関知」してきたわけだ。

２０１７年にも「（国政進出の）予定はございません」と言い、舌の根も乾かないうちに国政政党「希望の党」を立ち上げた。小池の人生を振り返ってみれば、ここぞというときは必ず大嘘をつく。

言葉が軽いというより言葉の価値そのものを認めていないからだ。だから原発推進派なのに「脱原発」を打ち出したり、「軍事上、外交上の判断において、核武装の選択肢は十分ありうる」といった過去の発言を公式サイトから削除したりもする。基本的にはその場しのぎ。舌先三寸で世の中をけむに巻き、魑魅魍魎がはびこる政界で生き延びてきた山師である。

前回の衆院選で野党共闘を潰したのも小池だった。民進党代表（当時）の前原誠司をそそのかし、合流を決断させた後に、民進党出身者の公認に関し「安全保障や憲法観といった根幹部分で一致することが必要最低限だ」「（政策が一致しない場合には）排除する」と発言。結果、民進党は希望、立憲民主、無所属に3分裂した。

自民党幹部は小池と前原の〝工作〟を大絶賛。

「小池と前原には足を向けて寝られない。負け戦を勝つことができただけではない。

最大野党の民進党を解体して野党連合を破壊し、再び自民党長期政権の道筋をつけてくれた」（「週刊ポスト」17年11月3日号）

首相補佐官（当時）の衛藤晟一《えとうせいいち》も「小池百合子さんのおかげで、民進党が真っ二つになった」と発言（17年10月25日）。

選挙で希望の党は惨敗したが、小池は野党候補の乱立が安倍政権を利したのは「結果として否めない」と発言（同10月22日）。よく言うよ。

〝第三極〟を自称する与党の補完勢力には注意が必要だ。

（2021年10月9日）

総選挙前に明らかにせよ　野党デマを流す「Dappi」と自民党の関係

ツイッター上で名誉を毀損されたとして、立憲民主党の小西洋之ら議員2人が損害賠償と投稿削除などをもとめる訴訟を東京地裁に起こした。

安倍晋三や麻生太郎といった特定の政治家が有利になる情報を流す傾向のある「Dappi」なるネトウヨアカウントは、野党議員の発言を捏造したり、切り取り歪曲した動画を流し、たびたび問題になっていた。立憲民主党の福山哲郎が安倍の不規則発言を注意したときの映像を分科会の尾身茂会長に対して声を荒らげたように編集したり、菅義偉と枝野幸男の党首討論を歪曲編集したものを垂れ流したり。立憲民主党の有田芳生の長男が北朝鮮に頻繁に出入りしたというデマも流している。

Ｄａｐｐｉのツイートが小西らの名誉毀損にあたるかどうかは裁判で明らかにすればよい。それより重要なのは、このアカウントが個人ではなく東京都内に本社を置くウェブ制作会社により運営されていたことだ。その得意先は「自由民主党」などとされている。「Ｂｕｚｚ Ｆｅｅｄ Ｎｅｗｓ」の調査では、自民党の小渕優子や参議院選挙比例区の支部などが同社と取引があることが判明。取引先銀行には大手銀行の衆議院支店の名前があったという。

今回、その企業と社長、取締役の２人が訴えられたわけだが、ネット上に「ＳＮＳを使った野党の宣伝はいいのか」「ネットでメディア工作するのは、当然」「スラップ訴訟だ」といった、とんちんかんなコメントや論点ずらしがあった。

もちろん問題はそこではない。

これは、資金力のある勢力が企業にデマや歪曲動画を制作させ、個人を装って、世論形成・世論誘導を行っていたという政治の根幹に関わる大事件である。

この企業がＤａｐｐｉアカウントだけを運用していたとは限らない。また、同様の工作活動を行っている企業が他に存在しないと考えるほうが不自然だ。ヤフーニュースのコメント欄、匿名掲示板、その他のＳＮＳ……。そこにあふれかえるデマが、特定勢力の工作活動によるものだとしたら国家の安全保障の問題でもある。現在、疑われているのは自民党だ。国民を騙すために税金が使われていたとしたら、党の存続に関わってくる。岸田政権は総選挙前に真相を明らかにすべきだ。


（２０２１年10月16日）

問われるのは過去　ブレまくり岸田の「未来選択」に騙されるな

岸田文雄が、今回の衆議院選挙は「未来選択選挙」だとして、「コロナ後の新しい未来を切りひらいていけるのは誰なのか選択いただきたい」と発言。だったら、最初に選択肢から外れるのは自民党だろう。

騙されてはいけない。問われているのは未来ではなく過去である。安倍晋三―菅義偉政権の9年間をどう評価するかである。

岸田は所信表明で北朝鮮拉致問題を最重要課題と位置づけ、条件をつけず金正恩総書記と直接向き合う覚悟だとしたが、安倍も菅もこの9年間まったく同じことを唱え続け、結局一人も取り戻していない。そもそも岸田は安倍政権下で外務大臣を4年8カ月も務めてきた当事者である。アメリカや中国には媚びまくり、北方領土の主権は棚上げ。要するに売国政権の中枢にいたわけだ。

岸田は「信頼と共感が得られる政治が必要だ。そのために国民との丁寧な対話を大切にする」と言うが、丁寧な対話どころか、都合の悪いことはすべて隠蔽。森友事件の再調査も早々に撤回。地元広島における大規模買収事件についても幹事長の甘利明が「再調査する考えはない」と発言している。

自民党の特定の政治家に有利になるデマや歪曲動画を個人のネトウヨ（Ｄａｐｐｉ）を装った企業に制作させ、世論形成・世論誘導を行っていた疑惑についても、まともに答えようとしない。

その一方で岸田が総裁選で掲げた比較的まともな政策は撤回しまくり。「令和版所得倍増」も「住居費・教育費への支援」も公約に盛り込まれなかった。金融所得課税

（株式の配当や株式の売買時に課される税金）の見直しについても、テレビ番組で「当面は触ることは考えていない」と軌道修正。

独自政策が消えた理由を聞かれると「旗は一切おろしておりません」と答え、会見では「私の思い、私が提示してきた政策に一点のブレも後退もない」と言い放った。

いや、ブレブレのブレまくりだから。

「生まれ変わった自民党」どころか、安倍や麻生太郎らの悪政と隠蔽体質を引き継いだだけ。岸田は「分配なくして、次の成長はない」と繰り返すが、これまで通り、お仲間や政商、いかがわしい勢力に「分配」を続けるなら、わが国の未来に待っているのは地獄である。

（2021年10月23日）

左も右もない。国のかたちを歪める連中を退場させよう

自公政権の9年間は、新自由主義勢力と政商、反社会勢力、カルトの複合体による国家・社会に対する総攻撃だった。周辺のメディアや広告会社は、心理学から動物行

動学まで駆使し、国民の洗脳・誘導をはかってきた。

言い過ぎだと思う人もいるかもしれないので、以下、具体的事実を示す。メルクマールは3つある。

1つ目は、省庁をまたがる形で発生した国家の根幹の破壊である。森友事件における財務省の公文書改ざん、防衛省の日報隠蔽、厚生労働省のデータ捏造により国家の信用を地に落とした。「桜を見る会」には、安倍晋三に近い統一教会の関係者、悪徳マルチ商法の「ジャパンライフ」会長、反社会的勢力のメンバー、半グレ組織のトップらが呼ばれていたが、その後、内閣府が国会に出した「桜を見る会」の推薦者名簿も加工されていた。

2つ目は、2015年の安保関連法案を巡る騒動の際、首相補佐官の礒崎陽輔が「法的安定性は関係ない」と発言したことだ。この時点でわが国は法治国家から人治国家へ完全に転落した。

3つ目は、17年に当時防衛相だった稲田朋美が、「(南スーダンの戦闘で)事実行為としての殺傷行為はあったが、憲法9条上の問題になる言葉は使うべきではないことから、(日報で)武力衝突という言葉を使っている」と発言したことだ。現役の閣僚が国が憲法を無視していることを公言したわけだ。

客観的事実として自民党は国体に攻撃を仕掛けてきた。つい最近は、自民党の特定の政治家に有利になるデマや歪曲動画を個人（Ｄａｐｐｉ）を装った企業に制作させ、世論形成・世論誘導を行っていた疑惑が発生。

広島では大規模買収事件が発生し、元法相の有罪が確定した。自民党の存続の可否が問われるような話なのに、岸田文雄はこの２つの大事件についてまともに説明しようとしない。

先日、バカが「旧民主党の連中は民主党政権の３年間でやったことに対する反省がないから自民党に投票する」と言っていた。民主党よりはるかにデタラメだった９年間の反省のない自民党に！

周辺メディアが投下するプロパガンダに騙されるのはもうやめよう。右も左も関係ない。シンプルに考えればいい。

政治を私物化し、国のかたちを歪めてきた異常極まりない勢力は退場させなければならない。

（２０２１年10月30日）

空中戦すらできない枝野代表が招いた歴史的敗北

今回の総選挙、自民党の歴史的大勝利と言っていい。まともな国なら、政党自体が消滅しかねない蛮行を繰り返し、直前には元法相が票の買収をしていた件で実刑判決まで食らっているのに、追加公認2人を含め公示前から15議席減らしただけ。単独で過半数（233議席）を獲得した。補完勢力の日本維新の会も改選前からおよそ4倍の41議席を獲得。

同様の理由で、今回歴史的敗北を喫したのは96議席と公示前より減らした立憲民主党である。枝野幸男は「単独過半数の獲得を目指す」と豪語していたが、その半分にも満たなかったわけだ。

立民、共産、れいわ、国民、社民の5党は213選挙区で候補者を統一。それ自体は高く評価すべきだし、それなりに成果も出したが、この大きな流れを生かしきれないどころか、台無しにしたのが枝野である。党内の思考停止した反共勢力、支持団体の連合による共闘妨害を抑え込む力もなかった。立民と共産は、政権交代後に「限定的な閣外協力」をすることで合意し、共産は候補者を取り下げるなど譲歩を重ねたが、これだけお膳立てしてもらって、意味不明な態度をとり続けた。共産との選挙協力は候補者一本化にとどめるとわざわざ強調し、街頭演説などの現場では立民と共産の共闘が進んでいたのに、枝野は連合の顔色をうかがって、志位和夫との写真撮影にすら応じなかった。

選挙終了後、枝野はテレビ番組に出演。代表を続けるかとの質問に対し、「立民は私1人から100人超えるところまでつくり上げてきた。この路線で前に進めばいいと思います」となぜか自画自賛。こうした姿が国民の目にどう映るかもわからないから、選挙区での当選も危うかったし、党内の反発も買い代表を辞任することになったのだ。

枝野は選挙戦で「表紙を変えただけでは何も変わらない」と岸田政権を批判。しかし、自民党は菅義偉という「表紙」を変えて勝利したのである。維新が拡大したのも「なんでもかんでも反対の野党連合ではなく、議論に応じる野党」というイメージをでっちあげ、自民も野党も嫌という層の受け皿を作ったからだろう。

枝野は立民の課題について、空中戦だけでは「政権にたどり着くことはできない」と語っていたが、その空中戦すらできていなかったのだ。

また逮捕者！ 公然わいせつから詐欺まで維新の〝犯歴〟を振り返る

（2021年11月6日）

選挙後の摘発と逮捕は維新の会の風物詩でもある。今回もさっそく兵庫4区から出馬し比例復活した赤木正幸の運動員森宏成が公職選挙法違反（買収約束）容疑で逮捕された。森の孫の森弐奈も同容疑で逮捕。2人は共謀し、知人ら6人に対し赤木の選挙運動を手伝う報酬を約束したとされる。

これまでも足立康史、上西小百合、桜内文城《ふみき》、田坂幾太、升田世喜男《ますたせきお》、石関貴史ら維新議員の運動員や元秘書らが公選法違反容疑で逮捕されてきたが、県議や市議周辺まで含めれば膨大な犯行の数になる。また性犯罪から詐欺まで犯罪の形態が多種多様なのが維新の特徴でもある。そこで今回は「思い出に残る維新の犯罪ベスト10」を振り返った（逮捕容疑や肩書などは発生当時）。

【第10位】　殺人未遂

2021年4月、参院議員の梅村みずほの公設第1秘書で、維新府議の横倉廉幸《やすゆき》の娘婿成松圭太が殺人未遂で逮捕される。酒の席で口論になった男性を車でひき、ボンネットにのせたまま走り、男性が落下すると、車から降り、殴る蹴るの暴行を加えた。

【第9位】飲酒ひき逃げ

12年1月、堺市議の西井勝が、飲酒運転でバイクと接触事故を起こし、そのまま逃亡し逮捕された。逃げ足だけは速いのが維新イズム。

【第8位】署名偽造

21年5月、愛知5区選挙区支部長で、衆院選に維新から出馬予定だった田中孝博が地方自治法違反の疑いで逮捕される。大村秀章愛知県知事のリコール運動を巡り、組織的に大量の署名を偽造したとみられる。この巨大リコール詐欺に声援を送り続けたのが、大阪府知事の吉村洋文だった。維新の闇は深い。

【第7位】わいせつ系

20年8月、東京1区支部長で衆院選の公認候補だった赤坂大輔が女子高生3人に向かって下半身を露出し、公然わいせつの疑いで現行犯逮捕された。ちなみに赤坂には傷害事件で逮捕歴もあった。

【第6位】噛みつき系

国会で無駄に噛みつく維新議員が多い中、物理的に一般人に噛みついたのが衆院議員の丸山穂高《ほだか》。15年末、酒に酔った丸山は東京都内の路上で男性の腕を噛み、警察で事情聴取を受けた。維新にはタクシーの中で泥酔し暴れ、警察で保護された山本大《はじめ》ら迷惑系が多い。

（２０２１年11月13日）

政策以前の不祥事オンパレード問題人物を引き寄せる維新の実態

「維新の会周辺にはなぜ犯罪者が多いのか」と問うのは順番が逆だ。問題を起こすような人物だから維新に接近していくのである。順法意識や社会性の欠如、短く言えば、人間性の欠如。前回に続き、「思い出に残る維新の犯罪ベスト10」を振り返る（逮捕容疑や肩書などは発生当時）。

【第５位】中学生を恐喝

衆院選愛知５区から出馬を予定していた府議の山本景《けい》が、通信アプリ「ＬＩＮＥ」を通じてトラブルになった女子中学生に「ただでは済まさない」などのメッセージを送り恐喝。山本は無断で小学校のフェスティバルで児童に名刺を配ったり、下校途中の中学生たちを自分の事務所内に入れていた。中学生を脅すというのがいかにも維新的。

【第4位】金銭の不祥事

政務活動費の流用など、維新とカネの問題は多すぎて記載しきれない。事務所賃料のうち9割を政務調査費で支払いながら、事務所オーナーの父親からキックバックを受けていた市議の飯田哲史《さとし》のような素朴なものから、配布していない政策ビラの印刷代金を政務活動費に計上し、不正受給していた市議の小林由佳のような手の込んだものまで幅広い。

また、経営する整骨院で療養費を騙し取っていた市議の羽田達也や、診療報酬を過大に請求していた歯科医院を実質的に管理し、治療にあたっていた歯科医で衆院議員の新原秀人《しんばらひでと》ら、チンピラ出身だけではなくインテリ層も悪事に手を染めるのが維新の特徴でもある。

【第3位】変態系

週刊誌に女性の足の臭いを嗅いでいる写真を掲載された市議の田辺信広。同じ場所にいた市議の井戸正利が女性の胸を触っている写真も流出したが、その弁明の言葉は素晴らしかった。
「胸を触ったのは事実です。でも揉んだわけではない」
【第2位】中国からカネ
市駐車場私物化の中谷恭典府議、市役所に家庭用サウナを持ち込んでいた市長の冨田裕樹らセコイ連中も多いが、カジノを含むＩＲ汚職事件で、中国企業から現金を受け取っていた衆院議員の下地幹郎《しもじみきお》とか、やりすぎにも程がある。
【第1位】維新という罪
ここに挙げた犯罪や不祥事の数々は一部にすぎない。これは政策がどうこう以前の話だ。社会のルールを守ることができない集団は政治に関わる資格はない。
（2021年11月20日）

間違っても居直り　数えだしたらキリがない維新のデマと嘘

私はかつて「維新の会は詐欺師とデマゴーグの集団である」と書いたことがある。
これは批判でも疑惑の追及でもなく、以下に示すように客観的事実である。前回は「思い出に残る維新の犯罪ベスト10」を扱ったが、今回は「思い出に残る維新のデマと嘘ベスト10」を振り返る（肩書などは発生当時）。

【第10位】イソジン効果

新型コロナの感染拡大が進む中、府知事の吉村洋文は「嘘のような本当の話」と言いながらイソジンで新型コロナに打ち勝てるというデマを拡散させた。

【第9位】慰安婦発言

維新の「創業者」橋下徹は「2万％府知事選に出ない」と言いながら府知事になった大嘘つきである。2013年5月、「あれだけ銃弾の雨嵐のごとく飛び交う中で、命かけてそこを走っていくときに、そりゃ精神的に高ぶっている集団、やっぱりどこかで休息じゃないけども、そういうことをさせてあげようと思ったら、慰安婦制度ってのは必要だということは誰だってわかる」と発言し、騒動になると「今必要だとは一切、言っていない」と言い出した。ちなみに橋下は著書で「私は、交渉の過程で〝うそ〟も含めた言い訳が必要になる場合もあると考えている。自身のミスから窮地に陥ってしまった状況では特にそうだ」「正直に自分の過ちを認めたところで、何のプラスにもならない」と述べている。

【第8位】　水道詐欺

19年の堺市長選で維新は「維新プレス」なるデマチラシをばらまいた。そこには事実と異なる市の借金を記載。国が償還する臨時財政対策債まで数値に組み込んでいた。幹事長の馬場伸幸は応援演説で「大阪市は40％近く水が余り、捨てている」「それを堺市に引っ張ってくることができれば水道料金の値下げは可能」とデマを垂れ流した。大阪市水道局はこれを否定。

【第7位】　比例復活詐欺

17年の総選挙前に衆院議員の足立康史は「今回小選挙区で落ちれば比例復活はなし。政界を引退することが決まっております！」と発言。「改めて約束する」「足立に二言なし」と繰り返したあげく、選挙区で落選し、比例復活してそのまま居座った。

【第6位】　詐欺パネル

維新はグラフの目盛りや単位をゴマカした詐欺パネルを使って大阪の住民を騙してきた。維新が特異なのは、市民団体や学者から間違いを指摘された後も使い続けたことだ。つまり確信犯である。

（2021年11月27日）

際限がない維新のゴマカシ、嘘、デマまき散らし

「思い出に残る維新のデマと嘘ベスト10」（後編）をお届けする（肩書などは発生当時）。

【第5位】ロシアと戦争

2019年、衆院議員の丸山穂高が国後島の宿舎で大酒を飲んで騒ぎ、元島民の訪問団長に「戦争でこの島を取り返すことは賛成ですか、反対ですか?」「戦争しないとどうしようもなくないですか?」と質問。元島民やロシアが反発すると、「賛成か反対かを聞いただけ」とゴマカした。

【第4位】都構想詐欺

維新が仕掛けた住民投票で賛成が多数になれば大阪市は村以下の権限しかない特別区に分断されて、権限も自治も失われるだけだった。この事実を隠すために維新は卑劣な工作を繰り返した。当初、二重行政の解消などにより年間4000億円の財源を生み出すのは「最低ライン」と言っていたが、数字はコロコロ変わり、そのうち橋下徹は「（数字を）議論しても仕方ない」と言い出し、15年の住民投票直前になると「財

政効果は無限」と言い出した。猿でもわかる詐欺である。「最後のチャンス」と繰り返したのも嘘だった。

20年の住民投票直前になると、松井一郎はテレビ討論でグラフを見せながら、特別区の財政は大幅な黒字が続くと主張。出演者から「誰が作ったものなのか」と追及されると、「維新で勝手に作っているわけじゃない」と反論。しかし市民が情報公開請求した結果、維新が作ったものであることが判明。

また、松井は市選管が投票用紙に「大阪市を廃止し特別区を設置することについて」と明記したことに対し「『大阪市を廃止』ではなく『大阪市役所を廃止』とできないか」と反発。正確な情報が市民に伝わると困るわけだ。

【第3位】北朝鮮デマ

18年、衆院議員の足立康史が「立民は北朝鮮の工作員」とデマツイート。

【第2位】身を切る改革

松井は退職金を廃止すると言い出したが、退職金を分割して毎月の給与に上乗せするだけだった。市議の筒泉寿一《つついずみひさかず》のように「身を切る改革」と称して被災地などへの寄付を偽装するケースもある。

【第1位】ファクトチェック

今年2月、吉村洋文が「維新憎しのデマが出回っている」として、党としてファクトチェックを始めると言い出した。一体なんの冗談なのか。維新こそがファクトチェックの対象なのである。

（2021年12月4日）

2021年振り返り「今年のバカ」前編

今年もおバカな年でしたね。恒例の年末企画「今年のバカ」トップ10を振り返ります。

【第10位】小池百合子

「情報公開は東京大改革の一丁目一番地」と繰り返す小池が特別顧問を務める地域政党「都民ファーストの会」。無免許運転居座り都議の木下富美子など新しいキャラクターも生み出したが、年末のお茶の間に寒い笑いを届けてくれた。東京都は昨年、IR関連文書などをほぼ「黒塗り」状態で情報開示し批判を浴びたが、それを今度は「白塗り」に変更したとのこと。一休さんかよ。

【第9位】竹中平蔵

国民の8割が開催に反対する中、コロナ下で強行された東京オリンピック。スポンサー企業のパソナ会長で政商の竹中は開催の危険性を指摘した専門家を「明らかに越権」と批判。なお、五輪組織委はパソナ以外から人材派遣サービスを受ける場合、その旨、書面で承諾を受けないといけない契約になっていた。また、竹中はワクチン大規模接種センター（東京）の予約システムを手掛けたマーソ社の経営顧問だった。

【第8位】Dappi

ツイッターで野党に関するデマや歪曲動画を流していた「Dappi」なるアカウントが個人ではなく企業であることが判明。その得意先は「自由民主党」とされていた。資金力のある勢力が世論操作・世論誘導を行っていたわけだ。

【第7位】岸田文雄

10月4日、岸田は総理大臣に就任すると、それまで掲げていた比較的まともな政策をほぼ撤回。「令和版所得倍増」も「住居費・教育費への支援」も公約に盛り込まれなかった。金融所得課税の見直しも「当面は触ることは考えていない」と軌道修正。岸田は会見で「私の思い、私が提示してきた政策に一点のブレも後退もない」と胸を張ったが、ブレと後退しかない。

【第6位】 高須克弥

愛知県のリコール署名偽造騒動。県選管によると、署名の8割超に当たる約36万人分が無効だった。この運動はネトウヨ整形医の高須が主導したもの。元日本維新の会愛知5区支部長でリコール団体事務局長の田中孝博は佐賀市内で署名を偽造した疑いで逮捕。高須の女性秘書も役員を務める高須クリニックの関連会社（名古屋市）で署名を偽造し書類送検されている。高須は不正関与を否定したが、不自然な言動を繰り返している。

（2021年12月18日）

2021年振り返り「今年のバカ」後編

前回に続き恒例の年末企画「今年のバカ」トップ10を振り返る。

【第5位】 枝野幸男

自民党の暴走に抵抗するための野党共闘のお膳立てを散々周辺にやってもらいなが

ら、それを棒に振ったボンクラ。自民党は総選挙直前に元法相が票の買収をしていた件で実刑判決まで食らっているのに単独過半数を確保。一方枝野は「単独過半数の獲得を目指す」と豪語しておいて、その半数にも満たなかった。敗因は「野党共闘」ではない。連合や党内の思考停止した連中の顔色をうかがう枝野が優柔不断な態度を取り続けたからだ。

【第4位】三浦瑠麗

自称国際政治学者の三浦は「本当は、コロナ自体は当初思ったよりも大きな脅威ではありませんでしたと宣言すべき」などとデタラメなコロナ軽視論を散々垂れ流し、医療が崩壊し、とりかえしがつかない状況になると「(国は)高をくっていたんじゃないか」と正反対のことを言い出した。高をくっていたのはどこのどいつなのか？

【第3位】安倍晋三

ネトウヨ向け月刊誌「Ｈａｎａｄａ」で「歴史認識などで一部から反日的ではないかと批判されている人たちが、今回の（五輪）開催に強く反対している」「彼ら（野党）は、日本でオリンピックが成功することに不快感を持っているのではないか」と妄想を垂れ流した。日本国民の７〜８割が開催に反対していた中、日本人の命を守ろうと声を上げる人々に向かって「反日」って……。反日の親玉は安倍である。

【第2位】菅義偉

広島市原爆死没者慰霊式・平和祈念式のあいさつで、菅は事前に用意した原稿の一部を読み飛ばし、さらに「広島市」を「ひろまし」、「原爆」を「げんぱつ」と読み違え、訂正。事前に用意された原稿すらまともに読めないのなら、何のために存在しているのか。それ以前に日本および日本人を完全にナメている。事前に原稿の確認もせず、文章の内容すら理解していなかったのだから。

【第1位】吉村洋文

朝日新聞社が新型コロナに関し「対応を評価する日本の政治家」の名前を聞いたところ、第1位は大阪府知事の吉村洋文だった（昨年11〜12月調査）。なお、人口当たりの新型コロナ死者数は大阪府がトップである。いい加減、目を覚まそう。現実を直視できなければ、国は滅びるだけだ。

（2021年12月25日）

第2章

2022年1月〜3月

腐敗した権力構造に加担するマスメディアの罪

●この期間の主な出来事

1月17日：第208回国会（常会）が召集される
2月3日：国内で確認された1日当たりの新規コロナ感染者数は10万人を超えて過去最多を更新
2月4日：北京で第24回オリンピック冬季競技大会が開幕
2月26日：日本政府は、ロシアのウクライナ侵攻を「侵略」と認定する
3月14日：東京地検特捜部は、河井夫妻選挙違反事件で現金を受け取ったとされる34人を起訴したと発表

ナチスの手法を彷彿とさせる維新とメディアの連携

2022年は本音と建前の境界が完全に崩壊し、外道がフリチンで公道を歩く世の中になると思われる。

それを端的に示すのが、2021年12月27日に行われた大阪府と読売新聞大阪本社の包括連携協定である。これは自治体と民間企業が協力する官民提携の一種であり、教育、人材育成、情報発信など8分野にわたる。そこには大阪・関西万博の開催に向けた協力なども盛り込まれている。

協定締結式には吉村洋文と読売新聞大阪本社社長の柴田岳が出席。「権力監視や中立性はどう保てるのか」「巨大な行政機関がひとつのメディアと特別な関係になるのは良くないのではないか」といった記者からの質問に対し、吉村は「締結によって報道活動への制限、優先的な取り扱いはない」、柴田は「取材・報道とは一切関係がない協定となっている」と返答。しかし、具体的に癒着を制限する方法に言及はなく、柴田は「これまで通り事実に基づいた公正な報道と責任ある論評を通じて、是々非々で大阪府の行政を監視して参る所存であります」と宣言するだけだった。

読売の報道が公正だと思っている人は少数だろうが、それでもこれまでは「公正」のフリくらいはしてきた。しかし今回はその建前すら放り投げ、完全に開き直ったわけだ。

この連載では事実に基づき、維新が嘘とデマにより拡大した危険な勢力であることを指摘してきたが、その手法はナチスそのものである。

テーマを絞り、感情に訴えかけるスローガンを繰り返す。指導者を美化し、その過去を隠蔽する。特定の集団を憎悪の対象に仕立て上げ、不況に苦しむ国民のルサンチマンに火をつける。ヒトラーはプロパガンダのために新聞を最大限に利用した。

現在、維新礼賛や吉村を個人崇拝する異常な記事が連日のように社会に垂れ流されている。国家と国家の武力衝突だけが戦争ではない。今回の件は、国家の中枢に食い込む悪党が合法的に日本および日本人に総攻撃を仕掛けてきたと考えたほうがいい。

こうしたメディアの連中に倫理や道徳を説くのは無駄だ。それが欠如しているからこそ平気な顔で悪に加担するのだ。

今後、国民は読売の報道姿勢を厳しくチェックすべきだ。維新ベッタリの広報紙に成り下がるのなら、カネを出して購読する必要はない。

（2022年1月8日）

NHK「不確かな」字幕　問われているのは「決め打ちの捏造」なのかだ

NHKは昨年12月26日に放送、30日に再放送されたBS1スペシャル「河瀬直美が見つめた東京五輪」後編の字幕に、不確かな内容があったとし、謝罪した。

これは今年6月に公開予定の東京五輪の公式記録映画の製作を進める映画監督の河瀬直美らに密着したドキュメンタリー番組で、NHK大阪拠点放送局が制作した。NHKは番組に登場した男性について「五輪反対デモに参加しているという男性」「実はお金をもらって動員されていると打ち明けた」とテロップで紹介。

これは河瀬の依頼で五輪反対を訴える市民らを取材していた別の映画監督島田角栄に密着したシーンだったが、実際には、男性が五輪反対デモに参加した事実は確認できていなかった。

NHKは「制作担当者の思い違いや取材不足が原因」と説明したが、もちろんそういう問題ではない。問われているのは、取材の甘さではなく、最初から「決め打ちの捏造」であったかどうかである。そしてそれを指示したのは誰かだ。

当たり前の話だが、メディアは事実関係について完全に裏を取る。特に大きな影響力を持つＮＨＫは何重にも厳しいチェックを行う。実際ＮＨＫは「放送前に関係者間で複数回の試写が行われた」と説明している。

つまり、担当ディレクター一人が暴走したのではなく、組織的、かつ意図的に行われた可能性が高い。河瀬が莫大な利権を手に入れた国際オリンピック委員会会長のトーマス・バッハと親密であり、安倍昭恵とも近いという話を聞くと、いかがわしさも増してくる。

「日本に国際社会からオリンピックを7年前に招致したのは私たち」「それを喜んだし、ここ数年の状況をみんなは喜んだはずだ」という河瀬の発言も反発を買った。五輪を招致したのはごく一部の連中であり、「ここ数年」の状況下においては国民の7〜8割が開催に反対していたのである。現実を無視する人間が創作（河瀬自身の言葉）する記録映画とはどのようなものになるのか？

嘘とデマによる招致、会場設計のトラブル、開催費用の拡大、エンブレムの盗作騒動、女性を「豚」として扱う演出案まで、東京五輪はわが国の精神的腐敗と凋落の象徴そのものだった。河瀬の記録映画がこうした現実をまともに描くとは到底思えない。

（2022年1月15日）

トンチンカンで愚鈍　菅直人の「橋下徹はヒトラー想起」批判

立憲民主党の菅直人がツイッターに〈橋下（徹）氏をはじめ弁舌は極めて歯切れが良く、直接話を聞くと非常に魅力的。しかし「維新」という政党が新自由主義的政党なのか、それとも福祉国家的政党なのか、基本的政治スタンスは曖昧。主張は別として弁舌の巧みさでは第一次大戦後の混乱するドイツで政権を取った当時のヒットラーを思い起こす〉と投稿。

松井一郎は〈元総理であり現在も立憲の最高顧問の菅さん、貴方何を言ってるか？解ってるんですか！民間人と我々をヒットラー呼ばわりとは、誹謗中傷を超えて侮辱ですよね。立憲は敵と思えばなんでもありという事ですか？正式に抗議致します〉と反論した。これは菅がひどすぎる。橋下の悪質な詭弁を「非常に魅力的」と感じるトンチンカンぶり以上に、新自由主義的政党なのか福祉国家的政党なのか曖昧って、愚鈍にも程がある。大阪の医療福祉を切り捨ててきた維新が福祉国家的政党かどうかくらいサルでもわかるだろう。橋下もツイッターで反発。〈ヒットラーへ重ね合わす批判は国際的にはご法度。まあ今回は弁舌の巧みさということでお褒めの言葉と受けっておくが。それよりも強い野党を本気で作る気があるなら、大阪では自民に圧勝している維新政治を謙虚に研究すべき〉

たしかに「悪」というレッテルを貼るために「ヒットラー」の名前を持ち出すのは思考停止につながる。しかし、維新政治を謙虚に研究すればするほど、ナチスと重なって見えてくるのも事実だ。特定の集団をスケープゴートにし、それを攻撃することで大衆のルサンチマンに火をつける。嘘、デマ、プロパガンダを社会に垂れ流し、財界やメディアと結託することにより急拡大していく。そもそも橋下は「今の日本の政治で一番重要なのは独裁」「僕が直接選挙で選ばれているので最後は僕が民意だ」「（選挙は）ある種の白紙委任だ」と述べている人間である。

元日に放送された関西ローカル番組「東野&吉田のほっとけない人」（ＭＢＳ）には橋下、松井、吉村洋文の３人がそろって出演。「政治的公平性を欠く」として調査チームが立ち上がったという。こうした連中を放置しておくとどういうことになるのかは歴史が証明している。まさに文明社会が「ほっとけない人」なのだ。

（2022年1月29日）

三島も見抜いた軽薄　「永遠の中2病」石原慎太郎は成熟を拒絶した

作家の石原慎太郎が亡くなった。享年89。間違いなく戦後を代表する人物だったと思う。もちろん、悪い意味において。石原は保守でも右翼でもない。石原自身も「僕そんな右じゃない。真ん中よりちょっと左ですよ」と述べているが、戦後民主主義の敵対者という世間のイメージとは逆に、戦後社会の屈折した「気分」にひたすら迎合してきたポピュリストだったのだと思う。

数々の差別発言や暴言も「大衆の汚い本音を代弁するオレってカッコいい」といった自己愛に基づくもので、思想的な裏打ちがあるわけでもない。差別主義者というより「かまってちゃん」。社会の常識、建前にケンカを売ることで注目されたかったのだと思う。

アメリカが嫌い、中国が嫌い、皇室が嫌い、官僚が嫌い……。口を開けば、改革、変革、中央支配体制の打倒と騒ぎたてる。要するに強者、権威、既存の体制に反発することで、大衆の無責任な改革気分に訴えかけてきた。こうした姿勢は文壇デビュー作「太陽の季節」から一貫している。

一方、人間としては支離滅裂だ。「それ(天皇制)は笑止だ。それは全く無意味だ」「天皇が国家の象徴などという言い分は、もう半世紀すれば、彼が現人神だと言う言い分と同じ程笑止で理の通らぬたわごとだということになる、と言うより問題にもされなくなる、と僕は信じる」などと皇室を罵倒し続け、旭日大綬章の受章が決まれば「そんなね、涙を流して夜も眠れずありがたいもんじゃないよ」とニヤけながら、ちゃっかりと受け取る。

こうした石原の軽薄さを見抜いていたのが三島由紀夫だ。

「氏は本当に走っているというよりは、半ばすべっているのである」(「石原慎太郎氏」)。石原が安全な立場、つまり自民党内部で党の批判を繰り返すことについても「貴兄の言葉にも苦渋がなさすぎます。男子の言としては軽すぎます」(「士道について」)と批判した。石原の最大の特徴は、この言葉の軽さだ。

大統領制を唱えていた橋下徹に入れ込んだのも若いころの自分に重ね合わせたからだろう。「僕は橋下君を首相にしたい」「彼は革命家になれる」「若い頃のヒットラーにそっくりだ」

石原は最期まで成熟を拒絶した。「永遠の少年」というより「永遠の中2病」と言ったほうが適切だろう。

（2022年2月5日）

噛みつき維新にブーメラン直撃　いつも通りのデマカセ恫喝か?

維新が完全に壊れたようだ。全方位に噛みつき、戻ってきたブーメランが見事に直撃した。自称「私人」の橋下徹は、れいわ新選組の大石晃子に対し、名誉を傷つけられたとして訴訟を起こした。大石が橋下府政時代の問題を批判したのが気に入らないらしい。

「僕は育児に家事、何もしないですよ。子供は単に玩具感覚の可愛さです。（中略）完全にキム・ジョンイル体制。将軍様ですもん。（中略）僕は子供をつくるまでが好きなのかなあ」と述べる男の「名誉」というのもよくわからないが、橋下は「（大石は）投開票日10月31日の翌日11月1日にやっと当選」などと難癖をつけ、逆に文通費や政務活動費を巡る維新の不透明なカネの動きが次々と発覚した。

菅直人が橋下を「ヒトラーを思い起こす」とツイートした件では、橋下は「ヒットラーへ重ね合わす批判は国際的にはご法度」、松井一郎は「ヘイトスピーチ（にあたる）」などと反応したが両方とも大嘘だった。さらには馬場伸幸が菅に維新からの抗議文を渡したことにより「橋下私人説」が完全に崩壊する。

松井の「闇」を紹介したネット番組を浅草キッドの水道橋博士がツイートすると、松井は「法的手続きします」「リツイートされた方も同様に対応致します」と激高。すでに4000件ほどリツイートされているが、松井は全員訴えるのか。それともいつもどおりの口からデマカセの恫喝か。この一連の過程で「民間人からこのように言われて裁判を起こすくらいなら政治家なんか辞めろ。税金の無駄遣いだ」「人を散々バカにする輩に限って、自分が馬鹿にされたと言ってすぐに名誉棄損と騒ぐんですよ」といった橋下の過去のツイートが注目されたのも面白かった。

衆院予算委員会の公述人が「私的な反論」を繰り返したことを正当に批判した共産

党の宮本徹に対しては「院の品位を著しく毀損する」。

立憲民主の国対対応については「社会的な常識を知りませんよ、あの政党のみなさんは」。

ここまで来ると笑うことすらできない。

大阪の医療崩壊を報じた「報道特集」（ＴＢＳ系）に対しては維新府議が視聴者の不安をあおるとしてＢＰＯに申し入れを行ったという。ＢＰＯ案件は大阪のメディアを私物化するコイツらである。

（２０２２年２月26日）

巨額上納に主権棚上げ　火事場ドロボー安倍晋三

私が小学生の頃、自宅の近くで火事があった。消防車や救急車のサイレンが鳴る中、燃え上がる家を見ていると、同級生のＫ君も見物に来ており、火を見て興奮したのか「火事だ、火事だ」と小躍りしていた。そのとき、Ｋ君の父親が近づいてきて、Ｋ君を引っぱたいた。「なんだ、その態度は。不謹慎だろう」と。私は子供心に「立派なお父さんだな」と感じた。

　2月24日、ロシアはウクライナに軍事侵攻。「ウラジーミル。君と僕は同じ未来を見ている」「ゴールまで2人の力で駆け抜けよう」などと言いながら、体をくねくねと動かし、瞳を潤ませ、全力で恭順の意を示してきた安倍晋三という男が、自民党の会合で「断じて許すわけにはいかない」と遠吠えしたそうな。

　安倍はテレビ番組にも出演。プーチンの説得を期待する声が紹介されると「もちろん説得できたら私も説得したいんですが」と発言した。自民党内からも一時「安倍を特使に」との声が出たが不謹慎にも程がある。安倍は日ロ外交で失敗を続けた張本人ではないか。プーチンは安倍を「金づる」「ぱしり」くらいにしか思っていない。過去27回も会談しておきながら、上納金と一緒に北方領土をむしり取られただけ。2019年9月6日、プーチンは「(北方領土は)スターリンが全てを手に入れた。議論は終わりだ」と切り捨てた。

　同番組が北朝鮮が日本海に向けて飛翔体を発射したことを速報すると安倍は「こういう情勢を利用するというのは、当然予想できたと私も思います」と発言。情勢を利用して、のこのこと出てきたのはおまえだろう。今回の侵攻から得た「教訓」として、アメリカの核兵器を同盟国で共有して運用する政策について議論が必要と言い出した。翌日には岸田文雄に否定されていたが、火事場泥棒そのものだ。バイデンについては、「プーチン大統領のような指導者を相手にする場合、最初から手の内を示すよりも、選択肢はすべてテーブルの上にあるという姿勢で交渉するのが普通ではないかと考える」などと偉そうに論評していたが、北方領土問題に対し、日本側の巨額投資と主権問題の棚上げという手の内を最初から示したのは他でもない安倍である。

（2022年3月5日）

すがすがしいほどの夜郎自大《やろうじだい》「献国奴」安倍晋三の妄想と思考停止

共産党の志位和夫委員長が〈憲法9条をウクライナ問題と関係させて論ずるならば、仮にプーチン氏のようなリーダーが選ばれても、他国への侵略ができないようにするための条項が、憲法9条なのです〉とツイート。

これに対し、つい先日までプーチンの飼い犬だった安倍晋三という男が「問題なのは、武力行使をいとわない国が隣国にある場合、どうなるかだ」「空想にとどまっていて思考停止なのかと感じる」と噛みついたそうな。

妄想に取りつかれ、思考停止しているのは安倍である。

志位の発言は100％正しい。他国へ軍隊を出せなくするための条項が憲法9条である。そもそも9条を理由にして海外派兵をしなかったのはかつての自民党ではないか。

志位はさらに〈プーチン大統領に「ウラジミール」と媚をうり、EU諸国がクリミア問題で経済制裁をやっている最中に「日露経済協力」を決め、領土要求を事実上「2島返還」に切り縮めた、屈辱的な対ロ外交の抜本的見直しが必要です。安倍元首相は、自らの「空想」的外交が惨めに破綻したことを認めるべきです〉と批判したが、これもその通りだ。安倍は「武力行使をいとわない国」に全力で恭順の意を示し、日本の主権を棚上げし、持参金と一緒に北方領土を献上した。売国奴よりタチの悪い献国奴である。

安倍の寝言に周辺の連中も連鎖反応。維新の松井一郎は〈志位さん、共産党はこれまで9条で他国から侵略されないと仰ってたのでは？〉とツイートしていた。

志位本人が〈9条がありさえすれば何もしなくても平和が訪れるなどと主張したこ

とは一度もない〉とツイートしていたように、そのような発言は過去には見つからなかった。松井本人にもツイッターで事実確認をしたが、予想通り返事は来なかった。根拠を提示しないならいつも通りのデマなのだろう。

これは典型的な藁人形論法・ストローマン論法でもある。言ってもいないことをでっちあげ、それを叩くわけだ。

安倍は「私たちが作った国際秩序に対する重大な挑戦だ」などとも語っていたが、夜郎自大もここまでくるとすがすがしい。戦後の国際秩序をつくったのは連合国である。この精神の幼児は、いい加減、現在の日本が置かれている状況を直視すべきだ。

（2022年3月12日）

河井事件34人一転起訴　検察は疑惑の本丸「安倍晋三」に踏み込まないのか

2019年7月の参院選広島選挙区を巡る大規模買収事件で、元法相の河井克行＝実刑確定＝らから現金を受領したとして、検察当局は広島県議ら34人を公職選挙法違反（被買収）で起訴した（3月14日）。34人は河井の妻案里元参院議員＝有罪確定＝

の票をとりまとめる趣旨でカネを受け取っていたとされる。

東京地検特捜部は21年7月、受領者100人全員を「受動的な立場だった」として不起訴処分にしていたが、検察審査会が今年1月に「起訴相当」議決を公表したことにより、判断を一転させた。それ自体は妥当だが、これで全真相が解明されたと思う人間はいないだろう。この問題の本質は、誰が何の目的でどのような種類のカネを動かしたかであるからだ。疑惑の中心人物はもちろん安倍晋三である。

河井夫妻が支部長だった2つの政党支部には、自民党本部から計1億5000万円が流れている。その責任者については二階俊博が「党全体のことをやっているのは総裁（当時の安倍）とか幹事長の私。党の組織上の責任はわれわれにある」と自白（21年5月24日）。菅義偉も「当時の（自民党）総裁と幹事長で行われていることは事実ではないか」と発言した（同年6月17日）。

党広島県連の反対を押し切り、案里の擁立を主導したのは安倍である。通常1500万円程度の選挙資金の10倍にあたるカネが動いた理由は、かつて安倍を「もう過去の人だ」とこきおろした元参議院議員の溝手顕正《みぞてけんせい》を落とすためだろう。実際、党広島県連関係者は党本部サイドから「これは総理案件だから」と説明されたという

（「毎日新聞」20年6月19日）。

克行は現金を配るとき、「これ、総理から」「安倍さんから」などと口にしていたという。

この連載で以前述べたが、克行は検察を抑え込む自信があったようだ。「週刊文春」（20年6月25日号）によると、広島地検の幹部は記者に対し「官邸が圧力をかけて、河井夫妻の捜査をやめさせようとしている」と発言。また克行は法相に就任すると知人に対し「法務・検察の上に立った。もう何があっても大丈夫だ」と語ったという（「東京新聞」20年6月19日）。要するに検察は悪党に完全にナメられていたわけだ。国民の信頼を取り戻すためには、本丸に踏み込むべきだ。

（2022年3月19日）

しらじらしいにも程がある　安倍礼賛保守メディアのロシア報道

ロシアのプロパガンダや報道規制に憤慨するのもいいが、日本の報道も何とかしたほうがいい。今回、ロシアがウクライナに侵攻し、日ロ関係が悪化すると、「北方領土交渉は暗礁に乗り上げた」「交渉は振り出しに戻った」といった記事が出てきたが、しらじらしいにも程がある。北方領土問題はそれ以前に安倍晋三という究極の売国奴が決着をつけていたのだ。

立憲民主党の蓮舫は「ソチ五輪、ロシアの人権問題、大変、アメリカでヨーロッパで大きな問題になって、オバマ大統領をはじめ英国やフランスのトップも大会への出席を見合わせたのに、安倍総理は出席をしました。その翌月、ロシアはウクライナのクリミア半島を軍事併合しました。各国が制裁を科す中、日本は経済協力を続けてきた」「安倍内閣の『対ロシア大盤振る舞い』外交方針は、プーチン大統領を助長させちゃったんじゃないですか」と指摘。本来ならこれは普段から「日本の主権」がどうこうと言っている「保守メディア」が取り上げなければならない案件である。

しかし連中は安倍外交を礼賛。その結果がこのザマだ。

岸田は「ロシアによる占拠は法的根拠のないもので、不法占拠されているとの立場だ」と明言したが、首相が「不法占拠」と答弁するのは2009年の麻生太郎以来とのこと。要するに、ロシアに媚を売るために政府は言葉を封印してきたのだ。安倍内閣では「日本固有の領土」との表現も避けている。

19年2月、「北方4島を日本固有の領土と考えているのか」との質問主意書に、政府は「今後の交渉に支障を来す恐れがあることから答えは差し控えたい」との答弁書を閣議決定した。

16年、安倍は日本側の巨額投資を中心とする「共同経済活動」案を提示。最初から主権問題を棚上げし、ロシア側を驚かせた。その後も、ひたすらプーチンに媚び、最後は持参金と一緒に北方領土をむしり取られた。19年9月6日、プーチンは「(北方領土は)スターリンが全てを手に入れた。議論は終わりだ」と吐き捨てた。

バカがバカを支持するからこういうことになる。

当の安倍はロシアの行動に対し「断じて許すわけにはいかない」などと言っていたが、それおまえに対する国民のセリフだから。

（2022年3月26日）

第3章 政界に巣食った厚顔無恥な面々を許すな

2022年4月〜6月

●この期間の主な出来事

4月9日：悠仁さまが筑波大学付属高等学校に入学
5月22日：アメリカ合衆国のジョー・バイデン大統領が専用機で就任後初の来日
5月28日：服役中の日本赤軍の元最高幹部・重信房子が刑期満了により出所
6月22日：第26回参議院議員通常選挙公示
6月29日：岸田文雄が北大西洋条約機構首脳会合に出席

維新が体現する「昭和型政治」を拡大させてはならない

兵庫県西宮市民が良識を示した。市長選と市議補選（3月27日投開票）で、日本維新の会が公認した市長候補と市議候補2人の全3人が落選。現職の石井登志郎は維新公認の増山誠に倍近い大差をつけて圧勝した。大阪府外で初の公認首長誕生は無事阻止されたことになる。維新はこの市長選を「党勢拡大の足掛かり」と位置づけていたが、石井は当選後、「一市長選に党勢拡大を持ち出すのが大間違い」「国政政党として大変乱暴だ」と批判した。その通りである。

石井は元民主党議員で今回政党推薦を求めなかったが、自民や立憲民主などから幅広く支援を受けた。共産は独自候補擁立を見送って自主投票にし、公明も自主投票とした。与野党がともに戦ったのは、それほど維新が論外ということである。

投開票日の前日、吉村洋文は増山の応援に駆けつけ、「政治家に近い人にだけ利益がいくような昭和型の政治はやめましょう」「本気で改革する政治家に一票を託してもらいたい」と訴えた。盗人たけだけしいとはこのことだ。パソナ、サラヤ、吉本興業……。身を切る改革と言いながら「大阪府民の身を切る改革」を断行し、そこから発生する利権を特定の企業に流してきたのが維新ではないか。

大阪府で飲食店の時短協力金の支給が遅れた理由は、多額の委託料を払って業務をパソナに丸投げしたからだ。ご存じのように維新の背後にはパソナグループ会長の竹中平蔵がいる。竹中は維新の最高顧問格とされる衆院選の候補者選定委員長でもあった。

また、2020年7月に大阪市は異例ともいえる約6300万円分の消毒液をサラヤ株式会社に発注したが、サラヤ社長の更家《さらや》悠介は「経済人・大阪維新の会」の会長でもある。

先日は維新の東徹《あずまとおる》に寄付を続けている個人経営クリニックが、その規模にはふさわしくない大量の新型コロナワクチンの供給を受けていたことを「週刊新潮」が報じた。

とにかくカネに汚いのが維新だ。法の抜け道を利用しながら政党交付金の残りを返還せずに基金としてため込んだり、企業・団体献金の禁止を掲げながら、パーティー券を売りまくったり。吉村は「市長が替われば街は大きく変わります」とも言っていたが、これには全面的に賛同する。大阪市の悲劇を拡大させてはならない。

（2022年4月2日）

寝言垂れ流し「安倍晋三」という安全保障上の脅威

バカの確信ほど怖いものはない。自民党山口県連などは憲法改正の早期実現をめざす集会を開催（4月3日）。

安倍晋三は講演で、敵基地攻撃能力について「日本も少しは独自の打撃力を持つべきだと完全に確信をしている」「私は打撃力と言ってきたんですが、基地に限定する必要はないわけであります。向こうの中枢を攻撃するということも含むべきなんだろうとこう思っています」と発言。

これは完全に憲法違反、戦時国際法違反にあたる。「脅威」に対抗するため、相手国の中枢を攻撃するのは現在ロシアのプーチンがウクライナに対してやっていることと同じだ。2019年9月、安倍は「ウラジーミル、君と僕は同じ未来を見ている」と発言したが、犬は飼い主に似るらしい。

プーチンの精神状態を危惧するメディアの報道もあったが、その前に自分たちの国のバカが招く安全保障上の脅威について論じるべきだ。

安倍は講演で「世界の厳しい現実に向き合う機会」などと寝言を垂れ流していたが、現実を直視すべきは安倍である。

安倍はウクライナが北大西洋条約機構（NATO）に加盟していれば、加盟国に対する攻撃は全加盟国に対する攻撃とみなし集団的自衛権を行使する規定が抑止力となったと主張。安倍政権で制定した集団的自衛権の限定行使を認める安全保障関連法が「戦争に巻き込まれる」と批判を受けたことを挙げ「今起こっていることはまったく逆ではないか」と反論した。

アホか。安倍は時系列すら理解していない。ウクライナとNATOの接近は今回の戦争の一因にもなっているのだ。

14年、安倍は「日本の存立が脅かされ、国民の生命や権利が根底から覆される明白な危険」が「ない」と判断できない場合に、集団的自衛権の行使に踏み切る可能性に言及した。それ以前の、明白な危険が「ある」場合、つまり「存立危機事態」に武力行使できるという話をひっくり返したわけだ。「ない」ことなど証明できないので、やりたい放題やるということだ。

官房長官の松野博一は、今回の安倍の発言について「コメントは差し控える」と述べていたが、これでは国際社会に間違ったメッセージを送ることになる。これは危険人物を野放しにしてきた自民党全体の問題だ。

（2022年4月9日）

「自分の力を過信した」安倍晋三が招く危機

安倍晋三の大学時代の恩師である政治学者の加藤節《たかし》は、安倍は2つの「ムチ」に集約できると言う。ひとつはignorantの「無知」、もうひとつはshamelessの「無恥」であると。

〈「無知」についていうと、彼はまず歴史を知らない。戦後の日本が築いてきた歴史を踏まえていないんです。歴史はよく知らないから、そんなものは無視しても良いと考えているのではないでしょうか？

ある政策を決定する場面で、現代にいたるまで過去の政権がどういう議論と決定をしてきたか、そのプロセスを知ることは非常に重要なことです。しかし、安倍首相はそういう過去の世代へのリスペクトがまったくないんです〉（「FRIDAY」

２０１６年5月27日号）

この「恥知らず」が、ここのところ連日のように妄言を吐いている。

つい最近まで全力で媚びていたロシアのプーチンについては「ウクライナの祖国を守るという決意の強さを見誤った。そして自分の力を過信した結果、こういうことになっている」と発言。結局、遠くで吠えるだけ。いざプーチンの前に出たら、何も言えないどころか、ロシアへの送金を約束しかねない。北方領土は持参金と一緒にロシアにむしりとられたが、「自分の力を過信した」バカは一体どこのどいつなのか？

また、中国公船が尖閣諸島周辺への領海侵入を繰り返していることに関し、「習近平国家主席と会談するたびに尖閣を守り抜くという日本の覚悟を見誤らないでもらいたいと言ってきた」と発言。過去の記録を調べたが、少なくとも「会談するたび」というのは明確な嘘である。

安倍は、さらに調子にのり、トランプとの「ゴルフ外交」について、「あれだけ仲が良かったら（日本が攻撃を受けた場合）米国は絶対に報復するだろうと（他国は）思う」だって。頭が悪いにも程がある。ヤクザの仁義ではあるまいし、ゴルフ仲間という理由で他国のために軍隊を出す国がどこにあるのか？

安倍は戦争を防ぐためには「抑止力が大切」などと言っていたが、安倍の無責任かつ低レベルな発言が日本を危機に追い込むのである。安全保障上、日本が最初にやるべきは、安倍の議員辞職とこれまでの愚行の責任を取らせることである。

（2022年4月23日）

安倍晋三を政治にかかわらせるな　必要なのは節度ある保守政治の回復

もう笑うしかないのか、恥知らずもここまでくると貴重と感心すべきなのか、安倍晋三のはしゃぎっぷりが止まらない。

かつて動画サイトのイベントで、迷彩服を着て陸上自衛隊の10式戦車に乗り手を振ってご満悦だった精神の幼児なので、戦争が近づいてきて興奮しているのだろう。

昔、ハナ肇主演の「馬鹿が戦車でやって来る」という映画があったが、バカに「乗り物」を与えると危険だ。

安倍の夜郎自大ぶりはすさまじい。つい最近まで全力で媚びていたロシアのプーチンに対しては「自分の力を過信した結果、こういうことになっている」「彼の気にいる情報だけが入る状況になっていたのかも」。

アメリカのバイデンがロシアが軍事侵攻しても米軍を派遣する考えはないと述べたことに対しては「アプローチ自体がプーチン大統領にやや足元を見られたかもしれない」。

これにはプーチンもバイデンも苦笑いするしかないだろう。「自分の力を過信」し、「足元を見られた」のはどこのどいつなのか？

もっとも国際社会では安倍など相手にもされていない。プーチンにとっても「なんか昔カツアゲしたカネ持っているやつ」程度の認識だろう。

安倍は米紙ロサンゼルス・タイムズで、ウクライナ危機を台湾有事に重ね、中国が台湾に侵攻した場合は米国が防衛する意思を明確にすべきだと主張。さすがに笑っている場合ではない。実質的に属国の元親玉が宗主国の軍事的判断に口を出し、台湾有事に火をつけようとしたわけだ。一回、公の場できちんと叱られたほうがいい。

息を吐くように嘘をつき、言動はデタラメだが、責任を取らないという一点だけは一貫している。つまり政治にかかわらせてはいけない人間だ。

安倍は危機に乗じて、「(改憲の）機運は醸成されてきた」などと言っていたが、大きな改革は平時に行うべきである。保守思想の代表的論客マイケル・オークショットは「外科医が手術を行っているとき、彼はその最中だというのに、手を止めて器具を作り直したりはしない」と言った。

現在わが国がやらなければならないのは、節度のある保守政治の回復である。改憲派は今は護憲にまわるべきだ。改憲はまともな政府ができた後でいい。

（2022年5月14日）

猪瀬直樹も飛びついた　維新の躍進許せば日本は「2度目の敗戦」を迎える

作家で元東京都知事の猪瀬直樹が今夏の参議院選挙に出馬する意向を固めたとのこと。日本維新の会の比例代表となる見通し。維新は著名人を中心に擁立作業を進め、比例で元プロ野球選手の青島健太、歌手で俳優の中条きよし、元マラソン選手の松野明美らを候補者として公認する方針を決定。客寄せパンダを並べたポピュリズム全開体制だが、うっかり候補になってしまった連中と違い、猪瀬が維新がどのような政党なのか知らないはずはない。

私は猪瀬が書いた「昭和16年夏の敗戦」を思い出した。

昭和16年4月、日米開戦8カ月前の「総力戦研究所」に「官民各層から抜擢された有為なる青年」36人が全国から集められた。募集の条件は「人格高潔、智能優秀、身体強健にして将来各方面の首脳者たるべき素質を有するもの」だった。彼らは闊達な議論を行い、あらゆるデータを集め、開戦後のシミュレーションを繰り返し、「緒戦、奇襲攻撃によって勝利するが、長期戦には耐えられず、ソ連参戦によって敗戦を迎える」との結論に達した。しかし日本は開戦に踏み切った。開戦後の石油保有量を予測したあるひとつのデータが出て、戦争を始めたい勢力がそれに飛びついたからだ。

猪瀬がやっているのは、これと同じだ。本連載で示してきたとおり、維新の不正や嘘、デマに関するデータは山ほどある。ユリウス・カエサルは「人は見たいものしか見ない」と言ったが、これを心理学では「確証バイアス」という。自分にとって都合の悪いデータを無視するようになると、現実との接点を見失っていく。参院選で維新が躍進すれば、日本は2度目の敗戦を迎えることになるだろう。

猪瀬は２０１３年12月、５０００万円の選挙資金借用問題が浮上し、在任約１年で都知事を辞任。都政の混乱を招き、その後、公職選挙法違反で略式起訴され、５年間、公民権が停止された。カネに汚いところは維新イズムそのものだ。

猪瀬は元テレビ朝日アナウンサーの富川悠太が、「トヨタ自動車の所属ジャーナリスト」になったと報告したことに対し、〈アホじゃないか。「ジャーナリスト」でなく「広報マン」だろ〉と批判していたが、維新の「広報マン」になり果てた猪瀬はジャーナリストとしては完全に死んだのだろう。

（2022年5月21日）

政治はオタクの遊び場ではない　河野太郎を総理にしてはならない

先日、河野太郎のインタビュー記事を読んで違和感の正体がわかった。そして絶対に総理大臣にしてはならない人物であると確信するに至った。これは〈「だからトップを目指すんだよ」河野太郎の行動原理はたったひとつの〝嫌い〟に集約されていた〉（新R25＝5月30日配信）という記事。

河野は昨年ワクチン接種推進担当大臣に任命されたのはスピード感を評価されたからと自画自賛。記者が〈この「スピード感」に関しては、河野さんが政治家のなかでも突出されてるんでしょうか?〉とおもねると、河野は〈突出してんじゃないですかね?〉とご満悦の様子。

〈とやかく言わずに、今できる一番早い方法でやってみるしかないんです〉

〈俺、「急がば回れ」も嫌い〉

〈「結果的に、遠回りしたほうが早かったね」ってことはそりゃありますよ。まっすぐいったら川があって渡れなくて、みたいな。でもそれは、〝後からわかる話〟で〉

〈まずは最短距離を導き出して、直進。ぶつかったら対処を考える〉

〈スタートするときに最初から遠回りを考えてたら、そんなの負け戦でしょう〉

こうした発想で負け戦に突き進んだのが先の大戦であり、河野も関わった行き当たりばったりの対ロシア外交だった。これはもっとも政治から遠ざけなければならない姿勢でもある。結局、河野はこの30年にわたり日本を破壊した〝トップダウン〟〝政治にはスピードが必要〟という発想から抜け出せないだけ。

　河野は言う。

〈とにかく、めんどくさいことをやりたくない。全部その延長線上にあるんでしょうね〉

〈「自分のまわりにある〝めんどくさい〟を何とかしたい」を突き詰めたら〝国〟という単位にたどり着いたということなんでしょうね〉

唖然とするしかない。政治とは責任を持った大人が扱うべき〝面倒なもの〟である。「まっすぐいったら川があった」では済まないのが現実世界であり、巻き添えを食うのは国民だ。

自己愛過剰で幼児性は全開。ツイッターでは〈てか、厚労大臣、ワクチン担当大臣、仕事しれ〉とネットスラングを使ったり、自分のかわいい似顔絵が描かれた「太郎のクッキー」をアップしたり。政治哲学者のハンナ・アレントは「政治は子供の遊び場ではない」と言ったが、政治はオタクの遊び場でもない。

（2022年6月4日）

国民ハラスメント集団　維新に審判が下されなければおかしい

参院選が近づいてきたが、地に足のつかない政党は焦って墓穴を掘ったりする。女性記者などへのセクハラ疑惑が報道されている衆院議長の細田博之を追及するのは当然だが、数多くのセクハラ事件を引き起こしてきた維新の会にブーメランが直撃したのは面白い。

女子高生3人に向かって下半身を露出し、公然わいせつの疑いで現行犯逮捕された衆院東京1区支部長もいたし、「ただでは済まさない」と女子中学生を恐喝した府議もいた。女性の胸を触っている写真が流出した市議もいたし、「(女性は) 完全にくるパーにならないと、子供を産もうなんて思わない」「8割がたの女ってのは、私はほとんど『ハエ』と変わらんと思っています」などと暴言を吐いた衆院千葉1区支部長もいた。

女性職員に「今から昼下がりの情事に (行く)」などとセクハラ発言をして更迭された東成区長もいたし、児童の保護者の臀部を触ったり、若い女性教職員に対し「なぜ子供をつくらないのか」などとセクハラを繰り返した公募校長もいたりと枚挙にいとまがない。

そもそも党の創設者からして「阿川 (佐和子) さん、僕は1回で妊娠させる自信ありますよ！」「浮気者を責める前に、『自分は性的魅力に欠けているんじゃないか』と考えてみる必要もあるね」などと述べている人物である。ここまで来ると、党自体が国民に対するハラスメントではないか。

吉村洋文は街頭演説で「(自民党は) 政治家に近いところばかりで金を回している」、松井一郎は「ぬるま湯の自民党をぴりっとさせなければならない」などと言っていたが、どこまで面の皮が厚いのか。「近いところ」ばかりで金を回してきたのが維新である。パソナ、サラヤ、吉本興業……。大阪府で飲食店の時短協力金の支給が遅れた理由は、多額の委託料を払って業務をパソナに丸投げしたからだった。法の抜け道を利用しながら政党交付金の残りを返還せずに基金としてため込んだり、文通費を関連団体に寄付してマネーロンダリングしたりとやりたい放題。参院選では「ぬるま湯」に漬かってきた薄汚い連中に審判を下すべきだ。

(2022年6月11日)

エセ保守が見事受け継ぐ　石原流ナルシシズムと無責任体質

今年2月に89歳で死去した作家で元東京都知事の石原慎太郎のお別れの会が東京都内のホテルで行われた(9日)。発起人の一人である安倍晋三は、石原が訴えた憲法改正について「何モタモタしてるんだと声が聞こえてきそう。私は私の責任を果たさなければ」「時に傲慢で、傍若無人に振る舞いながらも、誰からも愛された方でした」などと言っていたが、傲慢で傍若無人なのは安倍も同じだ。私は石原を「愛した」覚えはない。勝手に一緒にするなという話。次男でタレントの良純は「石原慎太郎は夢を託されて生きた人間」と述べていたが、こちらも冗談ではない。石原に夢を託した覚えはない。

岸田文雄は「石原先生が愛した日本」などと言っていたが正気なのか。石原は日本に対して罵詈雑言の限りを尽くしてきた人物である。

「これ（東日本大震災の津波）はやっぱり天罰だと思う」

「（能登半島地震について）震度6の地震がきたって、ああいう田舎ならいい」

皇室に対する発言もひどい。「（皇居に向かってお辞儀する人々を見て）バカじゃないか」「皇室は無責任極まるものだし、日本になんの役にも立たなかった」「それ（天皇制）は笑止だ。それは全く無意味だ」――。

ここまで暴言を吐いておきながら旭日大綬章の受章が決まればニヤけながら、ちゃっかりと受け取るのが石原流である。環境庁長官時代には水俣病患者らを「補償金が目当ての偽患者もいる」と侮辱。重度障害者に対しては「ああいう人ってのは、人格があるのかね」。こうした暴言を「石原節」「歯に衣着せぬ発言」などと甘やかしてきたから石原は増長したのである。

自分が大好きで自分より強そうなものが嫌い。石原の行動原理はこれだけだ。アメリカが嫌い、中国が嫌い、皇室が嫌い、官僚が嫌い……。社会の常識、建前にケンカを売ることで注目されてきた極めて戦後的な、幼い、甘ったれた、無責任な人物だった。こうした意味においては、わが国におけるエセ保守、なんちゃって右翼を代表する人物だったのだろう。

長男の伸晃は死去の1カ月前に慎太郎が「俺の人生は素晴らしい人生だったよな」と語ったことを明かした。弟の裕次郎に「わが人生に悔いなし」という曲があるが、石原流ナルシシズムと無責任の体質は、今の政界に見事に引き継がれている。

（2022年6月18日）

第4章

安倍がいない世界に醜く残り続ける〝エセ保守〟たち

2022年7月～9月

●この期間の主な出来事

7月8日：奈良県で元内閣総理大臣の安倍晋三が銃撃され、同日中に死亡
7月10日：第26回参議院議員通常選挙で自民党が63議席を獲得
8月10日：第2次岸田改造内閣が発足
8月17日：東京オリンピック・パラリンピック組織委員会元理事の高橋治之らが逮捕される
8月27日：馬場伸幸が日本維新の会の代表に就任
9月27日：日本武道館で故安倍晋三国葬儀が行われる

元首相銃撃でヨタを流すいかがわしい連中の不謹慎

本当に汚い、おぞましいものを見た。7月8日、奈良市の近鉄大和西大寺駅周辺で、参院選の街頭演説中だった安倍晋三が銃撃を受け殺害されると、安倍周辺に群がっていた連中が、早速事件を都合よく利用し始めたのである。私はこれまで安倍を批判してきたが、連中のやり方は故人に対してあまりにも失礼ではないか。

ニュース動画のコメント欄には、死んでもいない段階で「参院選は弔い合戦」「犯人は在日」「中国人の仕業」とネトウヨが騒いでいた。

佐藤正久は「政治家、安倍晋三氏の目標は、憲法改正含め道半ばだったはず。我々がやらねば」とツイート。

高市早苗は犯行の動機がわかっていない時点で「政治テロとして許せない」と決めつけた。報道によれば、山上徹也容疑者の母親は統一教会にのめりこみ、家庭が崩壊。山上は「政治信条に対する恨みではない」「安倍と団体につながりがあると思い、絶対に殺さなければいけないと確信した」と供述したと報じられている。つまり、「民主主義への挑戦」でもなんでもなく、私怨による殺人だ。しかし、いかがわしい連中は事実や論理をねじ曲げ、挙げ句の果てには「政権批判」や「政治家批判」に責任があると言い出した。

百田《ひゃくた》尚樹は「今回の事件を引き起こしたのはメディアだ！」とツイート。フジテレビの平井文夫は安倍応援団の八幡和郎が書いた〈安倍狙撃事件の犯人は「反アベ無罪」を煽った空気だ〉という文章を紹介。〈安倍元首相狙撃事件の犯人がいかなる人物かは、あまり重要でない〉〈安倍晋三氏については、特定のマスコミや「有識者」といわれる人々が、テロ教唆と言われても仕方ないような言動、報道を繰り返し、暗殺されても仕方ないという空気をつくりだしたことが事件を引き起こした〉という言葉に賛同し、〈私たちが苦しんでいるのは、日本という国が、この社会の空気が、安倍さんを殺してしまったのではないかということなのだ〉と書いていた。

バカにも限度がある。

政治家を揶揄、批判したらテロ教唆になるって、「風が吹けば桶屋がもうかる」みたいなヨタを垂れ流すこと自体が不謹慎。政治家を厳しく批判するのは完全に自由であり、さらに言えば文明社会にとって必要なことだ。世の中をおかしな方向に導く「空気」を生み出しているのは、この類いの連中である。

（2022年7月16日）

湧き出るしらじらしい釈明　カルトはどこまで政界に食い込んでいるのか

ソムリエがワインはブドウからできていると知らなかったと言ったらどうか。化学者が水は水素と酸素からできていると知らなかったと言ったらどうか。くだらない冗談としか思わないだろう。しかし、その類いの連中が次々と現れた。

政治ジャーナリストの田崎史郎は、安倍晋三と世界平和統一家庭連合（以下＝統一教会）の関係について「安易に結びつけない方がいい」と発言。

日本維新の会の松井一郎は、勝共連合が統一教会系とは知らなかったとすっとぼけた。勝共連合が1968年に創設されたときの名誉会長は笹川良一である。松井の父親の良夫は笹川の側近だ。松井が知らないはずはなく、本当に知らなかったとしたら、また別の問題である。

同じく維新の足立康史は統一教会系の世界戦略総合研究所で講演していた件につい

て〈関連団体とは存じ上げませんでした〉とツイートし、「統一教会の何が問題なのか正確に承知していません」と釈明。56歳の元官僚が知らないわけがない。しらじらしいにも程がある。自民党と統一教会の関係は「ずぶずぶ」どころではない。

元参議院議員の有田芳生のツイートによると〈統一教会の関連組織から、国会議員（事務所）に「取材があったら、知らなかったと答えてください」と連絡が行われている〉とのこと。また、有田芳生事務所はツイッターで〈統一教会の内部文書。摘発されないために警察に力を持っている議員への工作や裁判対策費用が「毎月1億円」〉。これらは霊感商法や信者たちからの献金です〉と明らかにしている。また有田は警視庁公安部の幹部が統一教会を摘発できなかった理由について、「政治の力」と語ったと証言。

元参議院議員の舛添要一は〈私は、衆参両院の自民党議員の選挙応援に駆り出され、仲間のために何度も街頭演説を行ったが、右寄りの議員の集会に勝共連合や日本会議のメンバーが大挙して応援に駆けつけているのを何度も見ている〉〈こうして、政権党に食い込んでいった統一教会は、検察の捜査の対象から外されるという大きな成果を得ているのである〉と記している。

参議院議員の青山繁晴は、ある派閥の長から今回の参院選での「統一教会の票の割り振り」について聞いたと証言。カルトはどこまで日本の政界に食い込んでいたのか。早急に検証すべきだ。

（２０２２年7月30日）

ズブズブの広告塔「安倍国葬」で笑いが止まらないのは統一教会

安倍晋三とその周辺が統一教会とつながっていることは政治に関心がある人なら誰でも知っていたし、これまで私も何度も指摘してきた。たとえば安倍が主催した「桜を見る会」には統一教会の関連団体・世界戦略総合研究所の事務局次長らが招待されていた。

しかし、現在報道されているように自民党の中枢に食い込んでいたことには気づかなかった。もはや「ズブズブの関係」や「カルトの広告塔」といった次元の話ではない。

文春オンラインによると、統一教会のダミー団体であるＵＰＦジャパンの梶栗正義議長は、安倍との間に〈ずっと温めてきた信頼関係〉があるとし、〈この8年弱の政権下にあって6度の国政選挙において私たちが示した誠意というものも、ちゃんと本人（安倍氏）が記憶していた。こういう背景がございました〉と述べている。

実際、統一教会票を割り振りしていたのも安倍だった。元参院議長の伊達忠一は〈安倍さんに「統一教会に頼んでちょっと（票が）足りないんだウチが」と言ったら「わかりました、そしたらちょっと頼んでアレ（支援）しましょう」ということで〉と自身に近い議員のために統一教会の組織票を回してもらうよう安倍に依頼したと証言した。岸田政権はこのような人物を国葬にするらしいが、一番メリットがあるのは安倍を広告塔として利用してきた統一教会だろう。また、安倍の国葬は戦後では吉田茂元首相、昭和天皇に続く3件目となる。統一教会は笑いが止まらないはずだ。教団と深いつながりがある人物が、天皇に並べられるのだから。

私がこれまで指摘してきたように、安倍とその周辺は、保守ではなく、反日のエセ保守である。それを支えてきたのは、新自由主義勢力と政商とカルトの複合体だ。統一教会との関わりを抜きにしても、連中がやってきたことは国の破壊そのものだった。だからこそ、反日の統一教会と組むこともいとわないのだろう。

今回、統一教会と自民党の癒着が次々と明らかになる中で、安倍が引き起こした一連の「事件」に再び目が向けられるようになった。今やるべきことは、安倍とその周辺の正体を明らかにすることだ。国葬は国際社会に向けての恥さらし以外のなにものでもない。

（2022年8月6日）

「反日のエセ保守」安倍政権で一貫した日本を破壊する強い意志

安倍晋三と統一教会の深い関係が日々明らかになる中、一部から「なぜ保守の安倍が反日カルトとつながったのか」といぶかしがる声が出てきた。

前提がおかしいからわからないのである。本連載で述べてきたとおり、安倍とその周辺は、保守ではなく、反日のエセ保守。それを支持してきたのは新自由主義勢力と政商とカルトの複合体である。よって、「統一教会だけが安倍を動かしてきた」と考えるのは正確ではなく、多くのカルト、反社会勢力が複雑な形で政権に食い込んでいたと考えるべきだ。安倍は嘘とデマを垂れ流し、発言の内容をコロコロと変えたが、一貫していたのは日本を破壊するという強い意志だった。

２０１３年９月、安倍はニューヨークのウォール街で「今日は皆さんに〈日本がもう一度儲かる国になる〉（中略）ことをお話しするためにやってきました」「もはや国境や国籍にこだわる時代は過ぎ去りました」と発言。

２０１４年１月の世界経済フォーラム年次総会（ダボス会議）では、徹底的に日本の権益を破壊すると宣言。電力市場の完全自由化、医療の産業化、コメの減反の廃止、法人税率の引き下げ、雇用市場の改革、外国人労働者の受け入れ、会社法の改正などを並べ立て、「そのとき社会はあたかもリセット・ボタンを押したようになって、日本の景色は一変するでしょう」と言い放った。その言葉通り、日本の景色は一変した。

安倍は権力を私物化し、財界の下請けとして、文字通りの「売国」を続けてきた。水道事業の民営化をもくろみ、放送制度改革では外資が放送局の株式を20％以上保有することを制限する規制の撤廃を推し進めようとした。世界各国で移民に関するトラブルが噴出する中、移民国家化に舵を切り、ロシアにはカネを貢いだ上、北方領土の主権を棚上げ。

意味不明の加憲論により、戦後改憲派が積み上げてきた議論をぶち壊し、安保法制騒動では憲法破壊に手を染め、森友事件における財務省の公文書改ざん、南スーダン

ＰＫＯにおける防衛省の日報隠蔽、裁量労働制における厚生労働省のデータ捏造など、安倍政権下では国家の信頼が地に落ちた。いい加減目を覚ますべきだ。安倍とその周辺は反日勢力であるという事実を議論のスタートラインにしなければならない。

（２０２２年8月13日）

戦後を代表するホラ吹き　思い出に残るデマと嘘

「安倍晋三が国会でついた嘘は１１８回」などとツイートしている人がいるが、ミスリードである。これは「桜を見る会」の前夜祭に関連して２０１９年11月〜２０２０年3月についた嘘の数（衆院調査局調べ）にすぎない。要するに氷山の一角。安倍の嘘は膨大にある。安倍の最大の特徴は、すぐにバレる嘘を平気な顔でつくところにある。その死から約1カ月、戦後を代表するホラ吹きの「思い出に残るデマと嘘」を振り返っておきたい。

【第10位】米軍機墜落

沖縄県沖で米軍嘉手納基地所属のＦ１５戦闘機が墜落。２０１８年6月25日、安倍は国会で「（政府が飛行）中止を申し出た」と述べたが、真っ赤な嘘だった。

【第9位】辺野古デマ

２０１９年1月6日、ＮＨＫの「日曜討論」で安倍は名護市辺野古の埋め立てについて「土砂投入に当たって、あそこのサンゴは移している」「絶滅危惧種が砂浜に存在していたが、砂をさらって別の浜に移していくという環境の負担をなるべく抑える努力もしながら行っている」と発言したが、根も葉もない嘘だった。

【第8位】安倍昭恵関連

２０１８年3月26日、安倍は国会で「また、妻（昭恵）が名誉校長を務めているところはあまたの数あるわけだが、それそのものが、今まで行政等に影響を及ぼしたことはない」と発言。これも嘘。結局、森友学園と加計学園の2つしかなかった。

【第7位】教科書デマ

２０１７年5月9日、安倍は国会で「採択されている多くの教科書で、自衛隊が違憲であるという記述がある」と発言したがデマだった。文科省教科書課は「違憲であると断定的に書いている教科書はない」と否定。

【第6位】立法府の長

安倍は国会で「私は立法府の長」と発言。総理大臣は「行政府の長」である。これは単なる言い間違いではない。2007年5月、2016年4月、5月、2018年11月と少なくとも国会で4回発言している。立法府を掌握したつもりだったのかもしれない。

【第5位】昔から嘘つき

野上忠興《ただおき》著「安倍晋三　沈黙の仮面」によると、安倍は子供の頃から嘘つきだったという。「宿題みんな済んだね?」と聞かれると、まったく手をつけていないにもかかわらず、「うん、済んだ」と答える。嘘がバレて、学校側から「あと1週間でノートを全部埋めてきなさい」と罰が出ても、乳母が代わりにやっていた。

（2022年8月20日）

戦後を代表するホラ吹き「私が嘘言うわけない」が嘘

前回に続き戦後を代表するホラ吹き・安倍晋三の「思い出に残るデマと嘘」を振り返る。

【第4位】移民政策

２０１４年10月１日、安倍は国会で「安倍政権は、いわゆる移民政策を取ることは考えていない」と明言。世界各国の指導者が移民政策の失敗を認め、見直しが進む中、特区を利用したり、「外国人労働者」と言葉をごまかしながら、全力で移民政策を推進。結果、すでに日本は世界第４位の移民国家になっている。

【第3位】コロナデマ

２０２０年４月13日、安倍は自民党役員会で「休業に対して補償を行っている国は世界に例がなく、わが国の支援は世界で最も手厚い」と発言。欧米では早い段階から休業補償を実施している。要するに補償拡大により国民を救済するのを拒むために、根も葉もない嘘をついたわけだ。４月下旬の国会で、代表質問に対し「感染症指定医療機関の病床を最大限動員し、３万２０００を超える病床を確保した」と答弁。しかし東京新聞が調べたところ、全都道府県が確保できたのは計約１万４０００床に過ぎなかった。新型コロナ騒動は人災でもあった。

【第2位】原発デマ

２００６年12月13日、共産党の衆院議員だった吉井英勝は「巨大地震の発生に伴う安全機能の喪失など原発の危険から国民の安全を守ることに関する質問主意書」を政府に提出。原発が地震や津波で冷却機能を失う可能性があるといった指摘に対し、同年12月22日、安倍は答弁書で「我が国において運転中の五十五の原子炉施設のうち、非常用ディーゼル発電機を二台有するものは三十三であるが、我が国の原子炉施設においては、外部電源に接続される回線、非常用ディーゼル発電機及び蓄電池がそれぞれ複数設けられている。また、我が国の原子炉施設は、フォルスマルク発電所一号炉とは異なる設計となっていることなどから、同発電所一号炉の事案と同様の事態が発生するとは考えられない」と答えた。

2011年3月11日、東日本大震災が発生。津波に襲われた東京電力福島第1原子力発電所で全電源喪失事態が発生。炉心溶融（メルトダウン）により大量の放射性物質が漏洩した。

【第1位】自己言及の嘘

2019年2月13日、安倍は国会で「私が嘘を言うわけがないじゃないですか」と発言。その発言自体が嘘。

（2022年8月27日）

戦後を代表するホラ吹き　その場しのぎでついた嘘

戦後を代表するホラ吹き・安倍晋三について「思い出に残るデマと嘘」という形で振り返ってきたが、当然、ベスト10には収まりきらなかった。そこで特別編として「その場しのぎでついた嘘」をまとめておく。

２０１５年６月８日、安倍は会見で「今回の（安全保障法案の）法整備に当たって、憲法解釈の基本的論理は全く変わっていない。この基本的論理は、砂川事件に関する最高裁判決の考え方と軌を一にするものだ」と発言。同年９月15日、元最高裁判事が「間違っている」と否定。

「北朝鮮の問題、拉致問題は私自身の責任で解決しなければいけないという強い使命感を持っている」（18年６月16日）と言っておきながら、同年９月14日には「拉致問題を解決できるのは安倍政権だけだと私が言ったことは、ございません」。

17年９月20日、「対話による問題解決の試みは無に帰した」と言っておきながら、18年３月26日には「私は北朝鮮との対話を否定したことは一度もありません」。

18年9月16日、テレビ番組でプーチンに対し北方領土問題を解決した上で平和条約を締結するのが日本の原則だと直接反論したと発言したが、同日「安倍首相本人からは何の反応もなかった」と、ロシア側が否定。

13年9月7日、「フクシマについて、お案じの向きには、私から保証をいたします。状況は、統御されています」と発言したが、放射性物質は漏れまくり。東京電力も安倍の発言を事実上否定。

「私の世代が何をなし得るかと考えれば、自衛隊を合憲化することが使命ではないかと思う」（読売新聞17年5月3日付朝刊）と言っておきながら、「（自衛隊を）合憲化するということを私は申し上げたことはありません」（18年2月22日）。

「国際公約でもある財政健全化に向け、中期財政計画を早期に策定するなど、経済成長と財政健全化の両立を目指してまいります」（13年6月24日）と言いながら、「私は国際公約と言ったことはないんです」（17年9月25日）。

「民主党政権は悪夢だった。間違いなく」（19年2月の衆院予算委員会など）と繰り返しながら、「国会答弁で悪夢のような民主党と答えたことはない」（20年3月23日）。

なぜホラ吹きが政権中枢に食い込んだのか、検証を進めるべきだ。

ヒトラーを考えろ　この世を去れば生前の行動を検証しなくていいのか

（2022年9月3日）

反社・反日カルトである統一教会と接点があった自民党の国会議員が少なくとも146人に上ることが共同通信のまとめでわかった（9月3日）。これは党所属国会議員381人の38％に当たる。取材に応じていない議員も多く、さらに増える可能性があるとのこと。派閥別では安倍派が39人で最も多い。

安倍晋三礼賛ビジネスで飯を食っていた自称保守系ライターの類いは大忙し。安倍と教団の関係を隠蔽するために、「政治とカルト」の問題を「政治と宗教」「信仰の自由」の問題にすり替えたり、門田隆将《かどたりゅうしょう》のように〝安倍は統一教会の天敵だった〟みたいな妄想を膨らませたり。これまで次々と与太話や陰謀論がでっちあげられてきたが、ことごとく失敗した。

岸田文雄も追い詰められたのか、統一教会との関係を断つことを自民党の基本方針にすることを表明（8月31日）。もっとも、こんなポーズに騙されるバカはいないだろう。

内閣改造では萩生田《はぎうだ》光一ら教団との深いつながりが指摘される議員を重用。立憲民主党による第三者機関設置の打診も拒否。さらに岸田は「安倍元総理がどのような関係を持っていたのかについては、本人が亡くなられた今、十分に把握することには限界がある」と発言。臭いものには蓋をしておしまいか。ヒトラーは死んだがそれを理由に生前の行動の検証をしなくていいのか。要するに岸田は完全に開き直ったわけだ。

幹事長の茂木敏充は「今後、旧統一教会および関連団体とは一切関係を持たない」、厚労相の加藤勝信は「どこまで旧統一教会だと意識していたかは定かではないが、今後はそうした対応は行わない」、安倍の政務秘書官で統一教会の賛同会員だった井上義行は「今後は党の方針に従って、一切の関係を断ちます」、萩生田は「今後関係はもたずに政治活動をやっていきたい」、統一教会のイベントに参加していた経済再生担当相の山際大志郎は「今後は一切関係を持たないように、慎重に行動していく」。

連中は判を押したかのように、「今後は」と繰り返すが、騙されてはいけない。「今後も教団とつきあう議員」が問題なのは当たり前の話。今問題になっているのは、「これまで教団とつきあってきた議員」と自民党の倫理観なのである。

（2022年9月10日）

なぜ使い続けるのか　デマゴーグの「ハイブリッド型」

自称国際政治学者の三浦瑠麗は本物のバカなのか、バカのふりをしたデマゴーグなのか。私も計りかねていたが、最近はそのハイブリッド型であることがわかってきた。要するに一番タチが悪い。最近だったら「安倍晋三と統一教会の関係を詮索するな」の1行で済む話を、論点をずらしながら意味不明な言葉で飾り立て、問題を隠蔽・矮小化し、世間をケムに巻く。しかし地頭の悪さはなかなか隠せない。

ツイッターでは〈個人的には、お弔いにも出ないというのは冠婚葬祭からすら関係を切ろうとする「村八分」の論理のように思いますが〉と安倍の国葬に関する野党の姿勢を批判。これにはSNSで総ツッコミが入っていた。村八分とは葬式と火事の「二分」以外の関係を切られること。つまり三浦は正反対の意味で理解していたわけだ。

さらには〈あと、個々の議員が自分宛の招待状の写真をアップして欠席を表明するのは、はしたなく見えるのでやめた方がいいと思いますよ。余計なお世話ですが。ほんとにそんなことしても票は増えませんよ〉とツイート。これは立憲民主党の蓮舫らを批判しているのだろうが、蓮舫自身が説明しているとおり〈閣議決定だけで時の政権が国葬を決める、国権の最高機関たる国会を無視したこの決め方に反対〉だからである。妄想を膨らませる「はしたない」人間はどこの誰なのか?

しまいには統一教会を「反日」と批判することにまでケチをつけ始めた。

〈そして、相手を批判したいがばかりに「反日」という言葉を使ってしまった影響は今後尾を引くことになるでしょう。この言葉がさまざまなところへバックファイヤーすることを予想できない人びとの存在は、わたしの合理的思考の範囲を超えています〉

統一教会が反日であることは報道されているとおり客観的事実である。「わたしの合理的思考の範囲」というところでクスッと笑わせようとしているのかもしれないが、不謹慎極まりない。安倍を銃撃した山上徹也の映画が製作されている件については〈まあ山上ほど成功したテロリストはなかなかいませんものね〉。

パラレルワールドにでも住んでいるのか。山上の犯行の動機は私怨でありテロでないことは連日のように報道されてきた。一番悪いのはこうした「困ったちゃん」を使い続けるメディアである。


(2022年9月17日)

第5章

やりたい放題のバカ総進撃を阻止しなければならない

2022年10月～12月

●この期間の主な出来事

10月4日：岸田文雄首相は自身の長男の岸田翔太郎を内閣総理大臣秘書官に任命した
10月11日：政府は国内観光の喚起を図る目的で「全国旅行支援」を開始
11月3日：防衛省は、北朝鮮がＩＣＢＭ級の可能性があるものも含む弾道ミサイルを発射したと発表
11月20日：２０２２ＦＩＦＡワールドカップが開幕
12月10日：第２１０回国会閉会

多幸感に包まれたい　権力に迎合する「エセ保守」の異常

自称保守向けの某月刊誌の目次を見て驚いた。そこには〈国葬反対派はバカか売国奴〉〈日本を蝕む「アベガー」というカルト〉〈国葬反対派は極左暴力集団〉といった見出しが並んでいる。「日本を蝕むカルト」は一体どちらなのか？

主要メディアの調査のほとんどで国葬反対派は賛成派を上回っており、直近のFNNの調査では賛成が31・5％で反対は62・3％。この類いの連中は、日本人の62・3％が、バカで売国奴で極左暴力集団とでも言うのか。思考停止した連中が徒党を組むと、自分たちの異常さに気づかなくなる。都合のいい情報しか耳に入らなくなり、現実との接点を失い、濃縮されたカルトになっていく。だから安倍というカルト体質の男と親和性があったのだろう。

本来、保守とはこうした歪んだ思考を戒める態度のことである。それは復古でも右翼でもない。近代の不可逆的な構造を理解した上で、近代内部において理性や合理の暴力に抵抗するのが保守である。保守思想に関する文献を読めば、日本で「保守」とされているものが、その対極であることがわかる。

保守は人間理性を信仰しないので権力を警戒する。よって権力の分散を説いてきたが、エセ保守は逆に権力に迎合する。そして権力と一体化したかのような多幸感に包まれ、自画自賛を繰り返す。自分が大好きで、日本はすごい国と信じ込み、生温かい世界に引きこもる。論理的な整合性が取れなくなれば陰謀論に逃げ込み、惨めな、卑小な、卑劣な自分たちのメンタリティーをごまかすために、その鬱憤を近隣諸国や社会的弱者にぶつける。

今回の統一教会との癒着問題を抜きにしても、安倍がやったことは国や社会、法の破壊に他ならなかった。この日本を三流国家に貶めた国賊に、黄色い声援を送ってきたのが自称保守論壇である。要するに、現在のわが国では「バカ」が保守を名乗っている。言葉の混乱は社会の混乱につながる。よって言葉の定義を正確な形に戻すべきだ。

保守の2文字を「バカ」に置き換えるといろいろなことがすっきりする。〈保守論壇→バカ論壇〉〈保守合同→バカ合同〉〈親米保守→親米バカ〉〈保守本流→バカ本流〉。そして本来の意味における保守のみを「保守」と呼ぶことにすれば無用な混乱を避けることができる。

（2022年10月1日）

共犯者による「勝利宣言」カルトの祭典で見えたおぞましさ

本当におぞましいものを見た。安倍晋三の「国葬」における菅義偉の弔辞である。何度も指摘されている通り、安倍の葬式は7月12日に終わっている。国葬は葬式ではない。安倍の死を利用し、国費を投入したプロパガンダのための脱法イベントである。菅の弔辞はネットなどでは「エモーショナル」「感動的」などと称賛の声が上がっていたが、安倍を神格化し、悪事を隠蔽するためのカルトの祭典にすぎない。

菅の弔辞によれば安倍は「いのちを失ってはならない人」であり、その判断は「いつも正しかった」とのこと。安倍は生前「私は総理大臣ですから、森羅万象すべて担当しております」「全く正しいと思いますよ。私は総理大臣なんですから」などと述べていたが、菅の弔辞はこれに対応しているのだろう。

特定の人物を崇め奉り、正義を独占する勢力が人類を地獄に導くことをわれわれは歴史に学んできたのではなかったのか。政治の役割はこうした狂信的な集団を排除することにある。なお、安倍は死後、自民党の議連「保守団結の会」の永久顧問に就任したとのこと。

菅の妄言は続く。

「総理、あなたは、今日よりも、明日の方が良くなる日本を創りたい。若い人たちに希望を持たせたいという、強い信念を持ち、毎日、毎日、国民に語りかけておられた」

安倍は自分が気に入らない人々に「こんな人たち」と罵声を浴びせ、都合が悪くなると国会から逃げ回った。内閣府の調査では将来に希望を持てない若者のほうが多い。

さらに菅は恥知らずにも北朝鮮の拉致問題をとりあげ、安倍は「信念と迫力」に満ちていたという。ではその「信念」とやらは貫かれたのか。安倍は支持を集めるために拉致問題を利用した挙げ句、２０１８年には「拉致問題を解決できるのは安倍政権だけだと私が言ったことはありません」と言い放った。

安倍の２度目の総裁選出馬を促したのも菅だ。

「私はこのことを、菅義偉生涯最大の達成として、いつまでも、誇らしく思うであろ

う と思います」

安倍が善政を行ったならそういう言い方も成り立つが、安倍がやったのは国家と社会と法の破壊だった。安倍は「私は立法府の長」と国会で4回も繰り返し、司法府への介入も進めていた。今回の弔辞は、その「共犯者」による国民を愚弄した「勝利宣言」だった。

（2022年10月8日）

沖縄愚弄は日本愚弄　ナショナリズム「機能不全」の怖さ

「2ちゃんねる」開設者のひろゆきが、辺野古新基地建設に抗議する座り込みを揶揄するSNSの投稿を行い、批判されていた。

ひろゆきは米軍キャンプ・シュワブゲート前を訪ね、座り込みが3011日に達したことを示す掲示板について〈座り込み抗議が誰も居なかったので、0日にした方がよくない？〉とツイート。現在、辺野古では工事車両が来る9時、12時、15時に合わせて座り込みが行われている。ひろゆきは夕方の誰もいない時間にゲート前のテントを訪れていた。

沖縄タイムスの記者が〈辺野古新基地建設に対して、沖縄の人々が民主主義に則って何度反対を示しても、日本政府がそれを踏みにじって工事を進められる理由は、あなたも（私も）含めた多数派日本人がそれを許しているからだと考えたことはありますか〉とツイートすると、ひろゆきは〈もう少し、勉強された方がよろしいかと思います。それとも名護市民の民意は踏み躙っても良いのですか？〉と返答。しかし渡具知武豊名護市長は辺野古新基地建設に賛否を示していない。今年1月の当選翌日には「基地に反対しているが私に票を投じた人がかなりいた」と発言。この数年の知事選と県民投票の結果を見ても、沖縄の民意は明らかである。

もっとも、こうした事実を指摘されても痛くもかゆくもないだろう。ひねくれたことを言って注目されたいだけで、これまでの言動を見る限り、建設的な議論になるわけもない。それよりも、このツイートに28・5万の「いいね」が押されたことが怖い。

これはナショナリズムの機能不全と言ってよい。周辺の住環境を守ろうとする沖縄の同胞を愚弄することは日本を愚弄することと同じであると自覚するのがナショナリストであるからだ。反対派の多くは普天間基地の県内移設とオスプレイ配備に反対しているだけで、全基地撤去を要求しているわけではない。また、「沖縄に一方的に負担を押し付けるな」「日米地位協定はおかしい」と言う人が、台湾有事を無視しているわけでもない。

しかし、妄想を膨らませたネトウヨの類いは「座り込みを続ける連中は反日だ」などと言い出す。こうした宗主国アメリカ様のご機嫌を損ねてはいけないという奴隷根性の持ち主こそが、正真正銘の反日なのである。

（2022年10月15日）

霊感商法まがいの口上 「マイナ保険証」の本当の目的

デジタル相の河野太郎が、2024年秋に現在の健康保険証を廃止し、マイナンバーカードと一体化すると発表した。政府は6月に閣議決定した経済財政運営の指針で24年度以降に原則廃止する方針を盛り込んでいたが、河野は早期実現を図ってきたという。これは法的には任意のカード取得を、生命に関わる保険証を使って事実上義務化する愚行だが、スタンドプレーが大好きな河野はピンク色のネクタイを締めて会見に現れ、ほとばしる自己愛と浮かれ調子っぷりを世間に見せつけた。

現在、国民の5割しかカードが普及していない理由は、政府に対する不信が大きいからだろう。

カード取得の必要性については、あるときは新型コロナウイルス対策の給付金の現場が混乱したからそれを解消するためと言い出したり、最大2万円分のポイントをやるから取得しろと言い出したり。それでも普及が進まないから強制するってどこまでデタラメなのか。

自治体のカード交付率の全国順位を公表し、それにより地方交付税の算定に差をつける方針を打ち出したり、莫大な税金を投入して普及のためのテレビやネットのＣＭ活動を電通に委託したり。

そこまで力を入れる本当の目的はなんなのか。国民が不安に思っているのはそこである。国家による監視や一元管理、個人情報の漏洩などを危惧する声も大きい。普及が進まないのは単に国民が望んでないからである。

河野は「さまざまなご懸念をお寄せいただいている。一つ一つクリアをして、実施していきたい」と述べていたが、制度の変更は懸念をクリアした後にしろという話。

政府は安全管理措置を講じており一元管理することもないとしているが、これまでの連中のやり方を見る限り、運用の解釈がなし崩しになる危険もある。今のところはっきりしているのは「義務化」により関連企業など大儲けする連中がいることくらいだ。

河野は9月20日の会見で、「マイナポイント」について「それはもう邪道でも何でも、とりあえずまず、皆さんに一生懸命申請をしていただく」と発言。

霊感商法まがいのこんな口上に、「はいそうですか」と従うバカはそう多くはないだろう。河野は統一教会の関連団体に祝辞を贈っていたが、なんでも「統一」すればいいという話ではない。

（2022年10月22日）

「おまえが言うな」再び　麻生太郎「みぞうゆう」な事態

自民党の石井準一参院議院運営委員長が「野党がだらしない」と発言し、野党の反発を受けて謝罪・撤回したことを受け、麻生太郎は「例の余計な発言をした参院議運の話みたいにならないようにお願いする」と発言。あまりにも見事な「おまえが言うな」案件である。

麻生といえば「余計な発言」しかしない人物だ。

1983年には「東京で美濃部革新都政が誕生したのは婦人が美濃部スマイルに投票したのであって、婦人に参政権を与えたのが最大の失敗だった」。2008年には「多額の収入がありながら、(定額給付金の)『1万2000円をちょうだい』と言う方はさもしい」。

13年には「ドイツのワイマール憲法もいつの間にかナチス憲法に変わっていた。誰も気が付かなかった。あの手口に学んだらどうかね」。16年には「90歳になって老後が心配とか、わけのわかんないこと言っている人がこないだテレビに出てた。『オイ、いつまで生きてるつもりだよ』と思いながら見てましたよ」。17年8月には「何百万人を殺したヒトラーは、いくら動機が正しくても駄目だ」。同年9月、「選挙を一生懸命やる人は、お祭りを一生懸命やっている人だ。俺のところ(の選挙区の祭り)は7月だけど、このときになったら、ほとんどきちがいみたいな人ばっかりだ」。同年10月、衆院選の自民圧勝に際し「明らかに北朝鮮のおかげもある」。

18年4月には自衛隊の日報隠蔽に関し「10年以上前の話でどうだったかと言われると、防衛省も困るのかもしれない」。同年5月、財務事務次官のセクハラ問題について「セクハラ罪という罪はない」。同月、財務省の公文書改ざんに関し、「少なくとも、バツをマルにしたとか、白を黒にしたというような、いわゆる改ざんとかいった悪質のものではないのではないか」。同年9月、「G7の国の中で、我々は唯一の有色人種であり、アジア人で出ているのは日本だけ」。

あまりにもアホすぎる。G7構成国には多くの有色人種がいるし、麻生の総理時代と在任期間の一部が重なるバラク・オバマは黒人の大統領だった。麻生は簡単な漢字も読むことができず、財務大臣なのに証券取引の前場を「まえば」と読んだ。こんな人間が国家の中枢に入り込んでいること自体が、麻生風に言えば「みぞうゆう」の事態なのだ。

（2022年10月29日）

言論以前の「お壺ね様」発言　公道に糞を垂れ流す自由はない

あさっての方向からの統一教会擁護の連発で、ネット上では「お壺ね様」「壺サーの姫」といった愛称で親しまれている三浦瑠麗。安倍晋三と統一教会の深いつながりが発覚すると、論点をずらしたり、問題を隠蔽・矮小化するいかがわしい連中が次々と訳のわからないことを言い出したが、中でも必死だったのが三浦である。

三浦はユーチューブチャンネル「日経テレ東大学」（10月29日配信）に出演。山上徹也容疑者の家庭に起きた献金問題について「たくさんあった財産がなくなったっていうのは、これはそんなに同情すべきかってていうのがあって。みんな1億円の資産ある人なんていないないですからね、そんなに」「あるいはそれを競馬でスったって同じじゃないですか。統一教会のいろいろな手法は批判されるべきだけど、統一教会なら救ってあげて、競馬なら救わないって法はないでしょ。そういう議論ができないってことは、やっぱり結局、本質には関心ないんですよ」と発言。

意味不明。

統一教会を擁護するにしても、ここまで変だと意図が見えづらい。なんでもいいから自民党に恩を売っておこうという魂胆なのか、常識とかけ離れたことを言って冷たい視線を浴びることに快感を覚えているのか。

ここまで無防備だと統一教会が送り込んだ工作員とも考えにくい。自己承認欲求が制御できなくなり、ツイッター上でバイトテロや奇矯な行動に及ぶ連中と同じなのかもしれない。

三浦の発言は昔から一貫して変だが、統一教会問題に関しては度を越している。国会を無視し閣議決定だけで安倍の国葬を強行したことが問題になっているのに、「ほんとにそんなことしても票は増えませんよ」と政局に絡めて野党を批判したり。下劣極まりない。

しまいには三浦はツイッターで「ま、好きにしたらいいですよ。このまんまいやーな感じが漂うのは日本のために良くないと思うけど、政治の世界だけが日本ってわけじゃ無論ないしね」と開き直った。

言論の自由は最大限に尊重されるべきだが、三浦の発言は言論ではない。公道に糞を垂れ流す自由はない。残念ながら世の中には一定の割合で三浦のような人物が存在する。問題はこのようなメルヘンの世界の住人の妄想を世の中に垂れ流すメディアである。

（2022年11月5日）

デマ　陰謀論　整合性のない虚偽情報に騙されるな

作家・ジャーナリストを名乗る門田隆将という人物がいる。現実と妄想の区別がつかないので、自分の願望に沿うデマを垂れ流し、整合性がなくなれば陰謀論に逃げ込む。

森友学園の決裁文書改ざん問題を苦に自殺した財務省近畿財務局の元職員赤木俊夫さんを巡る記事で名誉を傷つけられたとして、立憲民主党の小西洋之議員、杉尾秀哉議員が産経新聞社と門田に計880万円の損害賠償を求めた訴訟の判決で、東京地裁は計220万円の支払いを命じた。

問題の記事には「(両議員は)財務省に乗り込み、約1時間、職員をつるし上げている。当該職員の自殺は翌日だった」とある。両議員が訪れたのは東京の本省で、自殺した職員には面会していない。

判決は、「当該」との単語が使われ、連続した2文で構成されたこの文章を読めば「読者は、両議員が自殺前日にこの職員を集団的に批判、問責し、自殺の要因になったと理解する」と判断。被告側の「『つるし上げ』の対象は自殺した職員ではないと容易に理解できる」という主張を退けた。

その後、門田は謝罪するどころか〈唖然…左傾化し正義を捨てた日本の司法〉とツイート。意味不明。そもそも門田は過去に大量のデマを垂れ流してきたいわくつきの人物である。

今年9月、玉城デニーが沖縄県知事選に出馬した際、門田は〈正体を隠す事なく玉城知事が「誓いましょう！この選挙で玉城知事と共に、日本政府から、アメリカから、沖縄を取り戻す！」と独立宣言〉とツイート。しかし門田が引用した動画は2018年9月に玉城が総決起大会で米軍基地に反対した発言を切り取ったものであり、独立を唱えたものではなかった。

ネット上に転がっている陰謀論を真に受けたのかは知らないが、米大統領選ではバイデンが不正投票に関わったと決めつけた。

なお、毎日新聞は事実誤認を拡散させた人物として門田の名前を挙げている。愛知県知事リコール署名不正問題に関しても門田は署名のルールに関するデマを流し、江川紹子から〈「ジャーナリスト」を名乗る者が、簡単に確かめられる事実について、虚偽情報を広げる不幸〉と批判された。

安倍晋三は統一教会の天敵だったという荒唐無稽な話も繰り返しているが、デマ屋は表舞台から退場すべきだ。


（2022年11月19日）

死人に口なしでは許されない　「安倍晋三とジャパンライフ」ずぶずぶの関係

統一教会の広告塔だった安倍晋三という男は、悪徳マルチ商法「ジャパンライフ」の広告塔でもあった。健康グッズなどの預託商法を展開し、顧客からおよそ1億6000万円を騙し取った罪に問われたジャパンライフ元会長の山口隆祥に対し、東京高裁は1審と同じく懲役8年の判決を言い渡した（11月18日）。

同社は2014年以降、消費者庁から相次いで行政指導や行政処分を受け17年にマルチ商法の認定を受けている。

この山口と深い関係にあったのが安倍だ。

安倍主催の「桜を見る会」には山口に招待状が送られていた。ジャパンライフは「安倍晋三内閣総理大臣から山口会長に『桜を見る会』のご招待状が届きました」と招待状や安倍の写真をチラシにして勧誘に利用していた。

詐欺被害者の多くは高齢者である。東京地裁の浅香竜太裁判長は、ジャパンライフが老後の生活への不安を巧みにつく営業活動を繰り返し、顧客と契約を結んでいたと指摘。その上で、消費者庁から巨額の負債隠蔽などを顧客に通知するよう求められたのに耳を傾けず、返金を求める顧客には撤回を求めるよう社員に指示していたと認定した。

野党の「総理主催『桜を見る会』追及本部」には、安倍の招待状を見て、ジャパンライフを信用してしまったという話が多く寄せられている。

ジャパンライフの問題は過去に何度も指摘されてきた。にもかかわらず、安倍はずぶずぶの関係を築いてきたのである。

山口が「桜を見る会」に招待されたのは総理推薦枠の「60」番である。

安倍家と山口の関係も今に始まった話ではない。安倍晋太郎は1984年のニューヨークへの外遊の際、山口を同行させたことを国会で認めている。この訪問団の名簿には外相秘書官として晋三の名前も記載されていた。

「桜を見る会」は各界で功績を上げた人や著名人を招待するものだが、山口の他にも統一教会関係者や反社会的勢力のメンバー、半グレ組織のトップらに招待状が送られていた。

安倍は一貫して嘘、デマを垂れ流して責任逃れに終始。

安倍は「桜を見る会」の前夜祭に関するだけでも2019年11月～2020年3月の間に118回も嘘をついている（衆院調査局調べ）。死人に口なしでは許されない。

第三者機関が入って一連の安倍事件の全容を解明すべきだ。

（2022年11月26日）

2022年振り返り「今年のバカ」前編

今年もバカが豊作だった。恒例の年末企画「今年のバカ」トップ10。

【第10位】松井一郎

6月27日、松井は政見放送で「維新の会は経費については領収書を公開しています。でも公開しているのが我が党の議員だけというのが大問題なんです」「私立高校、所得制限ありますけど、だいたい80％の人は授業料のキャップをはめてますんで、入学金、授業料、無償で自由に学校を選択できるようになっている」といきなりデマを流した。

共産党は以前から使途を公開しているし、私立高校の入学金は有償。投票日が近づくと、大量に嘘、デマを拡散させ、選挙後はシラをきるのが、維新の会の常套手段。

【第9位】岸田文雄

閣僚や自民党幹部と統一教会の関係が次々と発覚した件について、「政治の信頼を確保するために政治家としてどうあるべきか。自分自身をしっかり点検してほしい」と発言（8月22日）。その直後に、岸田の後援会長が統一教会の関連団体の議長だったことを「週刊文春」がスクープ。コントかよ。

【第8位】ひろゆき

米軍キャンプ・シュワブゲート前を訪ね、辺野古新基地建設に抗議する座り込みが3011日に達したことを示す掲示板について〈座り込み抗議が誰も居なかったので、0日にした方がよくない？〉と揶揄するツイート。現在、辺野古では工事車両が来る9時、12時、15時に合わせて座り込みが行われている。ひろゆきは夕方の誰もいない時間にゲート前のテントを訪れていた。

【第7位】河井克行

２０１９年の参院選広島選挙区を巡る大規模買収事件で、元法相の河井らから現金を受領したとして、検察当局は広島県議ら34人を公職選挙法違反（被買収）の罪で起訴（3月14日）。問題は誰がこのカネを動かしたかだ。

河井夫妻が支部長だった2つの政党支部には、自民党本部から計1億５０００万円が流れているが、その責任者については二階俊博が「党全体のことをやっているのは総裁（当時の安倍）とか幹事長の私」と自白した。

【第6位】橋下徹

ウクライナ情勢について「政治的妥結を目指すべき」と述べたかと思えば「終結するまでロシア軍を叩き潰すしかない」と正反対のことを言い出す。一貫しているのは支離滅裂であることだけだ。

（２０２２年12月3日）

2022年振り返り「今年のバカ」後編

前回に続き恒例の年末企画「今年のバカ」トップ10を振り返る。

【第5位】菅義偉

今年見たものの中で一番おぞましかったのが、安倍晋三の「国葬」における菅の弔辞だった。いわく「(安倍の判断は)いつも正しかった」。安倍は生前「私は総理大臣ですから、森羅万象すべて担当しております」「全く正しいと思いますよ。私は総理大臣なんですから」と述べていたが、シンプルなカルトだよね。

【第4位】門田隆将

現実と妄想の区別がつかない夢見る夢子ちゃん。森友学園の決裁文書改ざん問題を苦に自殺した財務省近畿財務局の元職員赤木俊夫さんを巡る記事では立憲民主党の小西洋之議員、杉尾秀哉議員に関するデマを流し、東京地裁は産経新聞社と門田に計220万円の損害賠償を命じた。問題の記事には「(両議員は)財務省に乗り込み、約1時間、職員をつるし上げている。当該職員の自殺は翌日だった」とあるが、両議員が訪れたのは東京の本省で、自殺した職員には面会していなかった。その後、門田は謝罪するどころか〈唖然…左傾化し正義を捨てた日本の司法〉とツイート。意味不明。

【第3位】統一教会

自民党幹事長の茂木敏充が「今後、旧統一教会および関連団体とは一切関係を持たない」と発言したが、自民党自体が関連団体だったとはこれいかに。安倍の政務秘書官だった井上義行は「今後は党の方針に従って、一切の関係を断ちます」、萩生田光一は「今後関係はもたずに政治活動をやっていきたい」。多くの自民党議員が判を押したかのように「今後は」と繰り返したが騙されてはいけない。「今後」ではなく「これまで」の関係が問題になっているのだ。

【第2位】三浦瑠麗

「村八分」という言葉を真逆の意味で使ったり、大喪の礼を「たいものれい」と読んだり、今年も大ハッスル。新型コロナ、統一教会、ウクライナ情勢、国葬……。ありとあらゆるテーマに対し、オールラウンドのバカっぷりを発揮し、お茶の間に苦い笑いを届けた。

【第1位】安倍晋三

4月17日、全力で媚びていたロシアのプーチンに対し、「ウクライナの祖国を守るという決意の強さを見誤った。そして自分の力を過信した結果、こういうことになっている」と発言。「自分の力を過信」して北方領土をむしりとられたバカは一体どこのどいつなのか?

（2022年12月10日）

昔も今も世論工作　プロパガンダが招いた日本の惨状

共同通信の記事によると、防衛省は人工知能（AI）技術を使い、交流サイト（SNS）で国内世論を誘導する工作の研究に着手したとのこと。複数の政府関係者への取材で判明したという。インターネットで影響力がある「インフルエンサー」が、無意識のうちに同省に有利な情報を発信するように仕向け、防衛政策への支持を広げたり、特定国への敵対心を醸成、国民の反戦・厭戦の機運を払拭するのが目的だという。

こうした報道に対し、防衛省は「全くの事実誤認であり、防衛省として、国内世論を特定の方向に誘導することを目的とした取り組みを行うことはありえない」と否定したが、そりゃそうだよね。「これから国民の洗脳工作を行います」などと言うわけがない。防衛省は「情報戦対応」も含めた体制整備を実施するとも述べていたので、これまでやってきた世論工作に積極的にＡＩの技術を活用するということだろう。

例によってネトウヨ「論壇人」の類いが、この先、小遣いをもらえるとでも思っているのか、「共同通信による世論誘導だ」などと騒いでいたが、バカのふりをしているのか本物のバカなのか。

わが国において世論工作が続けられているのは公然の事実である。元官房長官の野中広務は、官房機密費を使って政治評論家やジャーナリストにカネを配っていたことを証言している。

「インフルエンサー」に世論誘導させるのもお馴染みの手口。これを露骨な形でやり始めたのが小泉純一郎政権だった。２００５年のいわゆる郵政選挙の際、自民党と内閣府が広告会社につくらせた企画書には竹中平蔵と著名人を対談させることにより世論を誘導する戦略が描かれている。そして実際、竹中とタレントのテリー伊藤による政府広報「郵政民営化ってそうだったんだ通信」が新聞折り込みチラシとして全国にまかれた。

防衛予算の大幅増額のためにユーチューバーらに「厳しい安全保障環境」について説明させる計画の件では、防衛相（当時）の岸信夫が「インフルエンサーと呼ばれる方々に、まず理解をしていただけるような説明を行うことは重要だ」と述べ、計画の存在を事実上認めている。プロパガンダによりバカを洗脳し動員する悪質な連中が権力を握った結果が今の日本の惨状である。

（2022年12月17日）

「今年のバカ」番外編　統一教会と安倍派

年末の恒例企画「今年のバカ」。一部から「あのバカが漏れている」といったお叱りを受けたので、番外編をお届けする。

【細田博之】

2019年10月、統一教会系の団体「UPF（天宙平和連合）」の国際会議で「安倍（晋三）総理に早速ご報告したいと考えております。韓鶴子《ハンハクチャ》総裁の提唱によって実現したこの国際指導者会議の場は、大変意義が深いわけでございます」と発言。

【岸信夫】

「統一教会に手伝ってもらったというよりは、メンバーの方にお力をいただいたということだ」と発言。岸は「私は、幅広く募っていたという認識だった。募集しているという認識ではなかった」と言った安倍晋三の弟。

【萩生田光一】

統一教会との深いつながりを報道されると「2009年から12年の間に、毎月2回教会を訪れて私が講演をしたり、青年部の皆さんに説教していたと書いてあるんですけど、こういう事実は全くありません」と否定。TBS「報道特集」は萩生田が統一教会の青年部の若者らを相手に講演を行っていた記録を入手。嘘がバレた。

【ほんこん】

安倍銃撃事件当日のニュース映像に映りこんでいた商業ビルの屋上に、白いテント小屋が映っており、これが3時間後になくなっていたことから、「小屋はプロのスナイパーが狙撃のために利用した」というデマが発生。これを真に受けて拡散したのがネトウヨのほんこん。過去のネット記事が発掘されたのも面白かった。「ツイッターで発信するうえでは、どんなことに気をつけていますか?」という質問に対し、「計算に基づいた数字的な根拠を出してツイートすること。文系だと感情論でツイートする方も多いけど、ツイッターは理系のやり方でやった方がいいと思います。そしてフェイクに騙されない。これが一番大事やね」。

【杉田水脈】

保育所の待機児童問題に関し「子供を家庭から引き離し、保育所などの施設で洗脳教育をする。旧ソ連が共産主義体制の中で取り組み、失敗したモデルを21世紀の日本で実践しようとしているわけです」などとコラムで述べていたが「事実として確認できず、不用意な発言だった」と国会で認めた。「事実として確認」できないことを書く国会議員とそれを掲載する産経新聞。

（２０２２年12月24日）

第6章

2023年1月〜3月

何度も騙される選挙民が導いた国難

●この期間の主な出来事

1月9日：G7サミット開催を前に、岸田文雄が欧米各国を歴訪
2月9日：この日までにルフィ広域強盗事件の指示役とみられる特殊詐欺グループメンバーが全員逮捕される
3月16日：大韓民国の尹錫悦大統領が訪日
3月21日：岸田文雄がウクライナを訪問し、ゼレンスキー大統領との会談が実現
3月22日：WBCで日本が3大会ぶり3度目の優勝

「ゴミ処理能力」を上げなければ、社会は荒み滅びる

私が中学生の頃の話。紙くずを教室の床に放り投げた生徒に対し、教師が「ゴミはゴミ箱に捨てろ。おまえは自分の部屋でも同じことをするのか！」と声を荒らげた。当時の私は「教室と自分の部屋は別だろ」と思ったが、もちろん教師のほうが正しい。要するに公という概念がまだ身にしみていなかったのだ。誰もが教室の床にゴミを捨てれば、教室はゴミであふれかえる。これは国や社会に置き換えても同じだ。

たとえば昨年、自称国際政治学者の三浦瑠麗が統一教会による霊感商法の被害について「あるいはそれを競馬でスったって同じじゃないですか」と言い放った。「1匹の瑠麗を見つけたら100匹の瑠麗がいると思え」という格言をつくったほうがいい。これに同調するゴミが社会に紛れ込んでいるのである。バカも積もれば山となる。腐臭を放つので社会は荒んでいく。

近代大衆社会が末期症状を見せるわが国では、ゴミの処理能力が追いつかなくなっている。だからわれわれ一人一人が、他人に任せるのではなく、身近なところにある

ゴミを片付けていかなければならない。

岸田文雄は年頭所感を発表。戦後日本が積み残してきた「先送りできない問題」に、正面から立ち向かうという。

〈昨年決定した国家安全保障戦略も踏まえ、わが国自身の外交的努力をさらに強化し、さらには、その裏付けとなる防衛力の強化などにも全力で取り組みます〉

〈歴史上、日本は何度も国難とも呼ぶべき大きな困難に直面してきましたが、その都度、国民が一致団結し、自らの国を変化させることで、あらゆるピンチを乗り越えてきました〉

〈今、わが国が直面する困難も皆が力を合わせることで必ず乗り越えられると確信しています〉

正月早々、悪い冗談だ。統一教会とのつながりを含め一連の安倍晋三事件の解明など「先送りできない問題」を先送りにしてきたのが岸田政権ではないか。

岸田は2027年度に防衛費と関連経費を国内総生産（GDP）比2％とするよう指示したが、これはもともとトランプ政権が安倍に押し付けたもの。敵基地攻撃能力を「反撃能力」とごまかし、軍拡のための増税を行うことが「国難」なのだ。これを我が事のように考えることができなければ国は滅びる。

（2023年1月7日）

致命的に恥ずかしい　麻生太郎は確信犯的デマゴーグ

麻生太郎が福岡県直方市内の講演で、岸田内閣が打ち出した防衛力強化に伴う増税について、「もっと反対の反応が出てくる可能性もあると覚悟して臨んだが、多くの国民の方々の理解を得た。真剣に取り組んでいる（政府の）姿勢を評価していただいている」と発言。どこのパラレルワールドに住んでいるのかは知らないが、直近の全国世論調査（JNN＝1月7、8日実施）では、防衛費増額の財源を確保するための増税に、賛成は22％、反対は71％である。

「多くの国民」は増税に「理解」など示していない。読売新聞オンラインは「増税に対して世論に一定の理解が広がっているとの認識を示したものだ」などと書いていたが、政治家の嘘やデマをそのまま垂れ流すのではなく、たしなめるのがメディアの役割だろう。講演前日に発表された世論調査の結果を知らずに言ったなら無責任極まりないボンクラだし、知っていて言ったなら確信犯的なデマゴーグである。麻生の場合、後者の可能性が高い。

２０１３年、麻生は講演で「ドイツのワイマール憲法もいつの間にかナチス憲法に変わっていた。誰も気が付かなかった。あの手口に学んだらどうかね」と発言。その後、麻生は発言を撤回したが、おそらく本音だろう。

18年、自衛隊の日報隠蔽に関し「10年以上前の話でどうだったかと言われると、防衛省も困るのかもしれない」と発言。同年、財務省の公文書改ざんに関し、「少なくとも、バツをマルにしたとか、白を黒にしたというような、いわゆる改ざんとかいった悪質のものではないのではないか」と発言。要するに、国民を騙すために事実を歪めることは当然だと思っているのだ。麻生は簡単な漢字を読むことができない人物としても有名だが、「言葉」の扱いは信じられないほど軽い。

「冷戦は終わり、新しく米中冷戦が始まるかも知れないというなか、防衛費をＧＤＰ比２％にするという案を自民党、公明党の連立内閣で考えた」とも言っていたが、これはもともとトランプ政権が安倍晋三に押し付けたもの。それをあたかも自発的な選択であるかのように胸を張る根性が致命的に恥ずかしい。先制攻撃となるリスクが大きい敵基地攻撃能力を「反撃能力」とごまかし、国民に増税を押し付ける連中こそが、安全保障上の最大の脅威なのだ。

(2023年1月14日)

需要と人選ミスが生んだ「三浦瑠麗」という虚像

国際政治学者を自称する三浦瑠麗とは一体何だったのか。太陽光発電事業への出資を名目に、およそ10億円を騙し取ったとして投資会社「トライベイキャピタル」本社と代表を務める瑠麗の夫の自宅マンションが東京地検特捜部により家宅捜索されたが、それをきっかけに瑠麗の過去の言動に注目が集まった。

瑠麗は「私としてはまったく夫の会社経営には関与しておらず、一切知り得ないことではございますが、捜査に全面的に協力する所存です」と関与を否定。もちろん夫が引き起こした事件と配偶者は関係ない。そういう意味では、瑠麗は巻き添えを食ったかのようにも見える。しかし、次第に実態が明らかになっていく。瑠麗が経営する会社と夫の会社は同じビルの同じフロアにあり、両社は合同で行事を開催することもあった。さらに瑠麗は、政府の「成長戦略会議」やテレビ番組などで、太陽光発電事業を〝猛プッシュ〟していた。これによりネットでは夫のビジネスの「広告塔」だったのではないかと疑う声が増えていった。第2次安倍政権後に表舞台に出てきた瑠麗は最初からいかがわしかった。薄着姿で意味不明なことを言い、世の中をけむに巻く。「お父さんがパチンコとか競馬でお金をスッたり、家庭内暴力で殴ったり、飲酒におぼれたり、どれも合法なんです。合法な活動で家庭が崩壊するケースはいっぱいあるのに、なぜ宗教法人（だと問題に）になるか、これは政局だからです」とあさっての方向から統一教会を擁護したり。そもそも「家庭内暴力」は合法ではない。

結局、メディア上層部の戦略ミスだったのだと思う。「上から目線で偉そうに説教する女性キャラ」には昔から一定の需要がある。そこで曽野綾子や桜井よしこの後釜になるような人物として瑠麗にスポットが当たったが、「大喪の礼」を読めずに国葬を語り、「ワシントン・ポスト」と「ワシントン・タイムズ」を間違えながら統一教会問題を語る瑠麗には無理がありすぎた。それでも引き返せなくなったのが今の惨状ではないか。

瑠麗の夫による太陽光発電所の建設計画には実体がなかった。実体がなければ必ずボロが出る。こうした意味において、瑠麗は佐村河内守《さむらごうち》やショーンKに近い。メディアは何度も同じ過ちを繰り返すべきではない。

（2023年1月28日）

3人は現職議員　自民党総裁「バカ息子」トップ5

特に安倍政権以降、権力の私物化、公私混同、縁故主義が目に余るようになったが、現在岸田文雄の息子が注目を集めている。そこで自民党総裁のバカ息子トップ5を振り返ってみた。

【第1位】文雄の息子

岸田の欧米訪問中、随行した長男の翔太郎は、ロンドンやパリ市内を公用車で観光。パリではビストロに行き、ロンドンでは高級百貨店のハロッズでショッピング。

昨年10月に首相秘書官に就任した際には「身内登用」と批判されたが、岸田は「適材適所」と言い張った。その後、閣僚の辞任や中国外交などに関する官邸のトップシークレットがメディアにダダ漏れに。翔太郎の関与を指摘する報道もあった。

なお、公用車を使った観光について政府は「対外発信用の撮影」だと説明していたが、翔太郎が撮った写真は対外発信では使われていなかった。この先、クビになったら〝観光大使〟になればいい。

【第2位】義偉の息子

衛星放送は総務省の許認可事業である。衛星放送のチャンネルを運営する東北新社が総務省幹部を違法接待していた事件では、菅の長男で東北新社の前部長だった菅正剛が注目を浴びた。汚い「ロン毛」も話題に。東北新社は菅の威光を利用して官界工作をしていたのではないかと国会でも追及された。正剛は大学卒業後、バンド活動に明け暮れていたが、菅は「バンドをやめてプラプラしていたから」という理由で息子を総務大臣の政務秘書官にした。家業かよ。

【第3位】純一郎の息子

人妻と不倫し、その際利用したホテル代を政治資金で支払っていたと報じられた。同時期には復興庁の元部下の女性とホテルで密会、さらにメーキャップアーティストの女性を赤坂の議員宿舎に呼びつけていた疑惑も。小泉ジュニアの〝ジュニア〟が暴走したというオチ。

【第4位】康夫の息子
統一教会と自民党の関係について「何が問題か正直わからない」と発言。おじいちゃんの赳夫は「アジアに偉大なる指導者現る。その名は文鮮明ということであります」と言っている人なのにね。
【第5位】洋平の息子
自己愛過剰で幼児性全開。ツイッターには、自分のかわいい似顔絵が描かれた「太郎のクッキー」をアップしていた。

（2023年2月4日）

時代って何？　岸田首相はおごりを捨てよ

上司には全力で媚びへつらい、上司からの命令をそのまま部下に押し付けるだけで、あたかも自分がなにかを成し遂げたかのような気分になっている中間管理職の男をイラストにしたら岸田文雄のような顔になるのではないか。
2月26日、東京都内のホテルで自民党大会が開催され、約1200人が参加した。

会場では安倍晋三の映像が流され、岸田は演説で安倍を礼賛。

〈本日の党大会と昨年の党大会を比べるとき、失ったものの大きさを実感せざるを得ません〉

〈安倍元総裁の下、「日本を取り戻す」。そう固く誓って、当時の民主党政権から、政権の座を奪還したのは今から10年前のことです。そこから、この10年。安倍元総理の強力なリーダーシップの下、多くの仲間とともに、日本の未来を切り拓くために、死力を尽くしてきました〉

〈今こそ、安倍元総理、そして菅前総理が築いてこられた「前進の10年」の成果の礎の上に、「次の10年」を創るため、新たな一歩を踏み出すときです〉

安倍派に媚を売り、10年前の民主党政権に難癖をつけることでネトウヨにアピールし、しまいには「時代は憲法の早期改正を求めている」と支離滅裂なことを言い出した。時代って何？「日本会議が求めている」「統一教会が求めている」「アメリカが求めている」と言うなら日本語としては意味が通る。要するにヘタレだから主語をごまかす。アメリカに武器を押し付けられても、主体的な判断により購入したかのように振る舞う姿が絶望的に気持ち悪い。

「前進の10年」どころか後退を続けてきたこの10年。臭いものにはすべて蓋。岸田は防衛力強化の財源論や自民党と統一教会のずぶずぶの関係など都合が悪いことには一切触れなかった。岸田は「政権奪還の原点」に立ち戻ると言う。

〈それは、おごりを捨て、虚心坦懐に、徹底的に国民の声に向き合うことです。改めて、「政治は国民のもの」——この立党の精神に立ち返り、真摯に、地域の声、国民の声に耳を澄ませていこうではありませんか〉

それなら言う。憲法改正は国会（立法府）が発議して国民が承認するものだ。行政府の長である岸田はおごりを捨てよ。

（2023年3月4日）

安倍晋三による言論弾圧は疑惑ではなく客観的事実だ

今回の高市早苗を巡る一連の騒動。前提として確認しておきたいのは、安倍晋三という異常な人物が、言論統制・言論弾圧を行っていたのは疑惑ではなく、客観的事実であるということだ。アメリカ国務省が発表した人権状況に関する2016年版の年次報告書には、放送局が政治的な公平性に欠ける放送を繰り返した場合、高市が電波停止を命じる可能性に言及したことを挙げ、「安倍政権によるメディアへの圧力強化に懸念が強まった」と指摘した。

16年、国境なき記者団は「国境なき記者団は日本のメディアの自由の低下を懸念する」という文書を発表。「安倍政権によるメディアの独立性への脅し」「主要な放送局内で自主規制が進んでいること」などを挙げた。

3月2日、立憲民主党の小西洋之議員が安倍政権時代に作成された総務省の内部文書を公表。そこには礒崎陽輔首相補佐官（当時）が14年11月26日に、放送法の解釈や違反事例などの説明を総務省に問い合わせてから、翌15年5月に高市が従来の政府見解を事実上見直すまでのやりとりが時系列でまとめられている。

要するに政府にとって都合の悪いテレビ番組を潰すために悪党が動いたわけだ。内部文書には「現在の放送番組には明らかにおかしいものもあり、こうした現状は正すべき」という安倍の発言や「けしからん番組は取り締まるスタンスを示す必要がある」という礒崎の発言も記載されている。

当時、総務相だった高市は自身の言動に関する記述から「全くの捏造文書だ」と主張。捏造でなかった場合は閣僚や議員を辞職するかと問われると「結構だ」と答えた。その後、総務相の松本剛明が「すべて総務省の行政文書であることが確認できた」と述べ、礒崎が総務省に「問い合わせた」ことも認めた。

内部文書によれば、礒崎は「この件は俺と総理が二人で決める話」「しかし、俺の顔をつぶすようなことになれば、ただじゃあ済まないぞ」と圧力をかけたという。

結局、高市は議員辞職を否定、「私に関しての4枚については内容が不正確であると確信を持っている」とトーンダウン。アホくさ。ちなみに15年、礒崎は安保法案に関し「法的安定性は関係ない」と口を滑らせている。安倍政権がやったことは、自由と法に対する挑戦だった。

（2023年3月11日）

近づく補選　進む「安倍晋三」の神格化

安倍晋三死去に伴う衆院補選が近づいてきたからか、安倍の地元の山口県下関市ではキナ臭い動きが出てきた。大丸下関店の「ＪＯＩＮ０８３」で開催されている企画展では、昨年9月の安倍の国葬で、菅義偉が弔辞で紹介した「山県有朋」（岡義武著）を展示。ページの右端が折られ、オレンジ色のマーカーペンと黒色のボールペンで印が付けられているという。そんなものを見て何になるのかはさっぱりわからないが、信者にとっては涙が出るほどありがたいのだろう。

菅の弔辞によれば安倍は「いのちを失ってはならない人」であり、その判断は「いつも正しかった」とのこと。安倍は生前「私は総理大臣ですから、森羅万象すべて担当しております」「全く正しいと思いますよ。私は総理大臣なんですから」などと述べていたが、菅の弔辞はこれに対応しているのだろう。要するにカルト。安倍の神格化は生前から進められていた。

政府が制作した海外広報用のネット誌「We Are Tomodachi」には安倍の写真が並び、東京新聞（2016年3月3日付朝刊）は「もはやグラビア誌？」との見出しで報じた。17年3月、自民党は総裁任期を「連続2期6年」から「連続3期9年」に延ばす党則改正を行ったが、その際「制限の撤廃」を訴える声も出た。

こんなニュースもある。〈安倍晋三首相は24日、東京・富ケ谷の私邸周辺を約1時間20分かけて散歩した。近所の代々木公園では、通行人らと気さくに記念撮影に応じ、園内の階段を一段飛ばしで上るなど元気な様子を見せた〉(「時事ドットコムニュース」18年12月25日)。「皇室アルバム」ではあるまいし、異常極まりない。

19年6月、自民党本部は「フェイク情報が蝕むニッポン」なる冊子を作製し、安倍を「稀有な政治家」と礼賛。他党議員を罵倒し、安倍だけがイケメンに描かれていた。同月、安倍に対する問責決議案が出されると、三原じゅん子は血相を変えて「愚か者の所業」「恥を知りなさい!」と絶対的帰依を誓った。

22年8月、自民党議員でつくる「保守団結の会」は安倍を「永久顧問」にすることを決定。今年2月には月刊誌「正論」が安倍の写真展を下関で開催。統一教会との関係など安倍をめぐる事件は何ひとつ解明されていない。

日本の危機が去ったわけではない。

(2023年3月18日)

岸信千世がぶち込んだ「社会問題が顕在化した日本の縮図」

前防衛大臣・岸信夫の議員辞職に伴う衆議院山口2区の補欠選挙に長男の信千世《のぶちよ》が

出馬表明。最初に注目を集めたのが公式サイトだ。曽祖父の岸信介や伯父の安倍晋三などの名前を記した「家系図」をアピールし、ＳＮＳで世襲だと反発を浴びた。さらに急に家系図が削除されたあげく、後援会への入会を募る仕様に変わり、最後は閲覧できなくなった。

2月20日、その理由について、信千世は家系図への批判とは「直接的な関係はない」と釈明。今月5日の会合では「世間にはいろいろな声が聞こえますが、こうした声の一つ一つに惑わされず、右往左往せず、できることをやる」と発言。要するに批判は一切受け付けないという宣言だ。当選後、手のひらを返したように世間の声を無視する政治家は多いが、選挙前にこういうことを言う人はあまり見たことがない。なにがあっても落選しないという自信があるのだろう。

信夫・信千世親子のフルチンぶりはすさまじい。昨年12月11日、信夫は後援会幹部の会合で健康状態を理由に「このあたりで信千世に譲りたい」と発言。家業かよ。

信千世は5日の会合で「伯父、そして父が政界からいなくなり、たいへん不安」と述べる一方、後援会や事務所関係者らが残ってくれたとして「(この形で)戦えることをありがたく思います」と発言。2月7日の記者会見では「家族の意志をしっかり受け継ぐ」と言い放った。昨年8月、「文芸春秋」のインタビューでは安倍の遺志を継ぐ意向を示している。

地盤・看板・カバンの3バンを引き継ぐのがけしからんというより、「血統」を掲げ「家族の意志」のために出馬するというのが筋違いなのだ。岸家・安倍家は反日カルトの統一教会とずぶずぶの関係にある。「血筋の良さ」「サラブレッド」などと書き立てるメディアも問題だ。血統で価値が決まるなら、ペットショップの犬と同じ。

信千世は2月7日の記者会見で、人口減少が進み、中山間地域が過疎化する山口2区は「日本の社会問題が顕在化した日本の縮図」だと指摘。なかなかぶち込んでくるね。まさに「日本の社会問題が顕在化した日本の縮図」として山口2区は注目を集めているのだ。

（2023年3月25日）

第7章

2023年4月〜6月

〝妖怪の孫〟を放置し三流国に転落したニッポン

●この期間の主な出来事

4月1日：こども家庭庁発足。初代長官に渡辺由美子が就任
5月8日：厚生労働省が新型コロナウイルスの感染症法上の位置づけを5類に移行
5月19日：第49回先進国首脳会議（G7広島サミット）が始まる
6月2日：2022年の日本人のみの出生数は77万747人で過去最少となったことが発表される
6月4日：ガーシーこと東谷義和前参議院議員が逮捕される

依然としてこの国を深く蝕む「安倍的なもの」

新宿ピカデリーで「妖怪の孫」（内山雄人監督）という映画を見た。妖怪とはA級戦犯で「昭和の妖怪」と呼ばれた岸信介のことである。映画は、岸に心酔していた孫の安倍晋三とは何だったのかをドキュメンタリーで描き出す。

今年2月に発売された安倍の「回顧録」は安倍の言い訳を一方的に垂れ流していたが、この映画は負の側面をきちんと描いている。私も安倍の言動を観察してきた人間なので、すでに知っている話は多かったが、やはり映像の力は大きい。安倍政権は悪夢ではなく現実だったのであり、現在進行中の病であることを再確認した。

幼少期の安倍についても取材したジャーナリストの野上忠興が、アベノミクスに対する安倍の「本音」を暴露したのも面白かった。

SNSを駆使したメディア対策やプロパガンダの手法。元下関市議による安倍の地元で横行する談合の話。ニューヨークタイムズ元東京支局長の「今の日本のメディアは戦時中と同じ」という指摘。ジャーナリスト山岡俊介による「安倍晋三宅火炎瓶投擲事件」の真相。憲法学者小林節による安倍の憲法に対する無知の説明。民族派右翼一水会代表の木村三浩《みつひろ》やジャーナリストの鈴木エイトによる自民党と統一教会の癒着の話。現役官僚の覆面インタビューでは、上司から「今の政権の方向性と違うことは一切考えるな」と言われたという話も飛び出した。

安倍政権下で日本は一気に転落した。北方領土の主権問題、デタラメな安保関連法、森友・加計問題、桜を見る会事件、虚偽答弁の数々、財界との癒着……。安倍をめぐる事件は何ひとつ解明されていない。安倍は物理的に地上から消えたが「安倍的なもの」は、依然としてわが国を深く蝕み続けている。

この映画の随所に組み込まれた風刺アニメーションは「日本人の心の中に棲む妖怪」を描いている。悪意、臆病、卑劣な根性……。それこそが、安倍のような「妖怪」を生み出したのである。

腐ったメディア、忖度する官僚、追及がゆるい野党、騙され続ける国民。そこを問わない限り、同じようなものが担ぎ上げられるだけだ。

実際、岸田政権は「安倍的なもの」に則り、国家の破滅に向けて暴走を続けている。

（2023年4月1日）

「言いぶり」でゴマカシ　懲りないデマゴーグ集団「維新」に騙されるな

選挙が近づいてくると、嘘、デマ、プロパガンダを流す悪質な集団がある。

大阪維新の会の吉村洋文は各地の街頭演説で、昔の大阪市は大赤字でそれを立て直したのが維新市政だったという趣旨の発言を繰り返したが、もちろんデマである。

大阪市のホームページには2021年度一般会計決算について、〈歳入から歳出を差引きした形式収支は、409億3400万円の剰余となっており、そこから翌年度に繰り越すべき財源を差引いた実質収支は、307億9600万円の黒字と、引き続き黒字基調を維持しており、平成元年度以降33年連続の黒字となりました〉とある。

吉村は〈維新以前の大阪市政、小中学校のエアコンもなければ、中学校給食もなし、子供医療費の通院助成は小学入学前まで、塾代助成なし、ないないづくめ。維新市政で酷かった財政を立て直しながら、子育て、教育へ重点投資。予算は9倍へ〉とグラフ画像付きでツイート（3月28日）。

これは15年の大阪「都構想」で使われた詐欺パネル（塾代助成などを恣意的に取り

出して作成したもの）の焼き直し。

　大量のデマで有権者を騙し、学者や市民団体からそれを指摘されても、選挙が終わるまでしらばくれるという手法を維新は繰り返してきた。

　22年6月27日、政見放送で松井一郎は「維新の会は経費については領収書を公開しています。でも公開しているのが我が党の議員だけというのが大問題なんです」「私立高校、所得制限ありますけど、だいたい80％の人は授業料のキャップをはめてますんで、入学金、授業料、無償で自由に学校を選択できるようになっている」と発言。

　これもデマ。共産党は使途を公開しているし、私立高校の入学金は有償だった。

　21年の総選挙では馬場伸幸がテレビ番組や街頭演説で「私立高校も、大阪では完全に無償」とデマを流した。この件に関し追及された馬場は「言いぶりというのはありますよね。選挙の時ですから。私がそれ国会で、公の場で質問したりとか、そういうことをしているということであれば大問題ですけれども、もちろんカッコ書きの中に所得制限はありますけれども完全に無償化してますと、該当者の皆さん方には完全に無償化していますという意味合いでね、言ってるんです」。

　選挙の際のデマは「言いぶり」であるとうそぶくデマゴーグの集団には注意が必要だ。

黒岩知事4選で思い出す「あのメッセージは忘れてほしい」

（2023年4月8日）

神奈川県知事選挙は、現職の黒岩祐治が4回目の当選を果たした。

黒岩は昔からデタラメな人間である。2011年4月の知事選では「4年間で200万戸分の太陽光パネル設置」を公約に掲げ、初当選。しかし投票日の翌日には「具体的な議会の日程などを考えると、時間がない」と後退。同年10月、記者団が公約の不履行について追及すると、黒岩は「あのメッセージは役割を終えた。忘れてほしい」と返答した。公約の不履行をごまかす政治家は多いが、「忘れてほしい」と開き直るのは黒岩くらい。言葉が軽いというより、根が不真面目なのだろう。

これまで私は黒岩を何度も批判してきたが、今回「週刊文春」が報じた過去の不倫の件で少し見直した。

私はこうしたスキャンダルには興味がないし、ましてや政界に入る前の話を持ち出すのはどうかと思うが、黒岩が愛人に送ったメールは破壊的に面白い。

〈A子の料理ってどんなかな？　アワビにバナナをさしたやつとか、桃にキュウリをさしたやつとか・・・（とにかくなんでもさす！）そんなチョー下品なメニューしか想像できないよ～ん〉

〈A子は日陰者じゃないけど、いつも「すごいエネルギーたまってる」し、「感じ」やすいよな～。エックス線でもあてたろか？　なに～、セックス線だって！　ばっかぁ～っ！　また言っちゃった！　なにまたイっちゃった⁉〉

〈北朝鮮！　ミサイルでもぶっ飛ばしてくれねえかなあ～。雨にも負けず、遊びほうけている奴らに平和の意味を教えてやらんといかんなあ～。放送では絶対に言えないから、A子だけに本音を放出！　ドッピュー‼　ところでモロホンのドッピューは18日（月）でいかがカナ？〉

〈本番前のホンバン？　バッカァ～‼　生放送前のナマだよ～‼　ニュルニュル～～～。ビチョォッ～～～～。ドキュ～～～～～～～ン‼〉

黒岩は愛人にアダルトビデオの購入を求めていたが、彼女が母親の看病のため買い忘れると激怒。

〈前から発注しとけ！言うてるやないか　ママが具合悪いときに、エッチビデオは買

えへんてか?〉

絵に描いたような鬼畜。黒岩の選挙公約は〈パパママ目線を踏まえた保育環境の充実〉だったが、パパママ目線だとこれはアウトだろ。

（2023年4月15日）

人治国家の属国しぐさ　意味不明な首相夫人訪米

わが国の人治国家化が止まらない。岸田文雄一家は体裁も何もかなぐり捨て、暴走を続けている。「縁故採用」と揶揄される長男の翔太郎首相秘書官が欧米歴訪に随行中、観光やショッピングに精を出していたことは記憶に新しいが、今度は女房の裕子が、公費を使ってアメリカ旅行へ。

官房長官の松野博一は「もともとは1月の岸田首相の訪米に随行する形で行われる予定だったが、米国側の事情により実現しなかったことも踏まえ、米国側の招待により実現することになったものだ」「夫人が招待に応じて、米国を訪問することは、外交儀礼上、意義のあることであり、また首脳の配偶者間の交流の促進を通じ、首脳間の友好・信頼関係の一層の促進にもつながるものと期待されている」と説明。訪問の位置付けは「首相の外国訪問の随行などと同様に、総理大臣の公務の遂行を補助する活動」とした。

二重三重に意味不明。選挙で選ばれたわけでもない人物が公費を使って「外交」にかかわるのも変。「アメリカの招待なんだから文句を言うな」というなら、典型的な「属国しぐさ」である。

そもそも政府は「首相夫人は公人ではなく私人である」とする答弁書を閣議決定している（２０１７年3月14日）。「公人とは一般に公職にある人を意味する」とも説明していたが、これは安倍の女房の昭恵と森友学園の関係が追及されたことを受けたもの。昭恵は内閣の公的行事である「桜を見る会」において招待者の選定過程にかかわっていたが、野党が追及すると、19年1月29日、「首相夫人は公人でなく私人との認識は変わりない」との答弁書を再び閣議決定した。「私人」である首相夫人が「公務の遂行を補助」（松野）。朝令暮改でルールがコロコロ変わるのも人治国家の特徴だ。

桜を見る会には安倍とつながる統一教会やマルチ商法の関係者、反社会勢力、ネトウヨライターの類いが結集していたが、おかしな連中が権力を私物化したことにより、日本は一気に三流国に転落した。

裕子はワシントンで「全米桜祭り」を視察。その印象について「楽しかったです」と答えている。公私混同の「桜を見る会」事件はまだ終わっていない。

（2023年4月22日）

面白すぎ。すばらしかった山口の衆院補選

日本は完全にギャグマンガみたいな国になってしまいましたね。山口2区と4区は、最後の最後まで笑わせてくれた。23日投開票が行われた衆議院の補欠選挙で、山口2区は岸信介のひ孫、防衛大臣を務めた岸信夫の息子の岸信千世が勝利。当選確実と報じられると、山口県岩国市のホテル内のホールに集まった支持者らを前に県議会議長が「万歳三唱」の音頭をとり、「衆議院議員、岸信夫当選」と言い間違えた。世襲批判が高まる中でのこの発言。面白過ぎる。

信千世は「これまで父をご支援いただき、引き続き私にもご支援を賜りましたすべ

ての皆さまのお力のおかげ」と述べ、3バン（地盤・看板・カバン）で当選したことに対し、胸を張った。また、父の信夫から「おめでとう。これからしっかり頑張りなさい」と携帯電話のメッセージが来たことも明かしている。子供かよ。

山口4区もすばらしい。

安倍の後継として「遺志を継ぐ」と訴えた元下関市議の吉田真次が当選。吉田を担いだ安倍昭恵は選挙戦で「主人の最後の選挙のつもりで戦っている」と発言。吉田は「安倍先生の無念を晴らすため」とも言っていたが、政治を私物化するなという話。

吉田の出陣式では後援会長が「このアベシンジ候補こそが……。ああ、ごめん」と発言。要するに、安倍の勢力を引き継ぐためなら、猫でも杓子でもなんでもよかったわけだ。その後、あいさつに立った萩生田光一は〈私の心配は、この下関のみなさんは投票所に行って、白い投票用紙に向かったら、「安倍」としか書いたことがないんですよ。後援会長でさえ、候補者の名前を間違える〉と発言。冗談のつもりなのだろうが、おぞましいの一言である。

24日朝、下関市の事務所で吉田は記者会見。

投票率が34・71％にとどまり、21年の衆院選から14ポイント近く下がったことについて質問されると「政治側の責任でもありますし、選挙制度そのものを考える時期にきていると強く思っている。どういうことをやっているか明確に市民、有権者にお伝えしていく機会をもっともっとつくっていかなくてはならない」と返答。

政治がどういうことをやっているか。山口2区と4区は、それを如実に示している。

（2023年4月29日）

悪い冗談としか思えない「河野太郎」がいまだに総理候補

中学生のとき、同じクラスにNという女子がいた。美術の授業で生徒たちが自画像を描いたとき、Nの絵はクラス中から注目を浴びた。そこには水玉模様の背景と一緒に絶世の美少女が描かれていたからだ。

現実世界に存在するNと一致する要素は一カ所もなかったが、おそらく河野太郎の目にも自分がイケメンに映っているのだろう。とにかく自分が大好き。チヤホヤされると満面の笑みを浮かべ、少しでも批判されるとプンプン怒る。国民の声を聞くのが仕事なのに、ツイッターではブロックしまくり。記者からの都合の悪い質問は「次の質問どうぞ」で完全無視。そんな河野が目指すのは「国民の皆さまの声、党員の皆さまの声に耳を傾け、しっかりと受け止める」政治とのこと（「河野太郎公式サイト」2021年9月28日）。

小学生の頃には同じクラスに怒ると顔が真っ赤になって「ウーン」とうなりながら、鉛筆を2つに折るやつがいた。私は子供心に「幼いな」と思ったが、河野を見るたびに彼を思い出す。

外相時代には、外相用の専用機を買ってくれとダダをこね、行政改革担当相時代にはスタンドプレーを繰り返し、新型コロナウイルスのワクチン接種の現場を混乱させた。デジタル相になっても性格は変わらない。河野は十分なセキュリティー対策に取り組んでいるとマイナンバーカードの安全性を繰り返し強調してきたが、他人の住民票が誤って交付されたり、他人の顔写真を載せたカードが交付されたりと、トラブルが続出。誤交付の件については責任をシステムの開発元である富士通に押し付け、交付サービスを一時停止し点検すると言いながら、「要請に強制力はなく、停止するかどうかは、自治体の判断だ」と責任を丸投げした。

河野は記者会見で、今年3月末までにマイナンバーカードを「ほぼ全国民」に取得してもらうとした政府目標は達成できたと表明（3月31日）。とりあえず私はカードを取得していない。河野がいう「国民」とは「俺のいうことをきく人間」に過ぎないのだろう。

21年の自民党総裁選に河野が出馬した際には、「調整力においても優れているのではないかと自負している」と自画自賛。調整力がないことが問題になってきたにもかかわらず。こんな人間が総理候補って悪い冗談としか思えない。

（2023年5月20日）

掌握と抑圧　ジャニーズと自民党の共通項

ジャニーズ事務所創業者で前社長のジャニー喜多川（2019年死去）による児童虐待事件が注目を集めている。今年3月にイギリスの公共放送「BBC」が邦題「J－POPの捕食者　秘められたスキャンダル」と題するドキュメンタリーを放送。4月には日本外国特派員協会で、元ジャニーズJr.のカウアン・オカモト氏が記者会見を開き、未成年のときにジャニーから15回から20回の性被害を受けたことを告発した。

また、ジャニーのマンションに泊まった100人から200人のほぼ全員が性被害を受けているはずとの見解も示している。

告発者に共通するのは無力感だ。日本テレビ系「真相報道バンキシャ！」では元ジャニーズJr.の二本樹《にほんぎ》顕理《あきまさ》氏が性被害について「一個人は声を上げたところでどうにもならない」と苦しんでいたと告白。

1999年、「週刊文春」がこの問題を取り上げると、ジャニーと事務所は文芸春秋に名誉毀損の損害賠償を求めて提訴。その後、ジャニーのセクハラ行為を認めた東京高裁判決が2004年の上告棄却により確定する。

それにもかかわらず、ジャニーの性犯罪が野放しになってきた理由は、ジャニーズ事務所がメディアを掌握していたからだろう。ジャニーズのタレントを使えなくなるのを恐れたメディアは、過剰に忖度を行っていたのだと思う。

この構図、既視感があると思ったら、今の自民党だった。

広告代理店と結託し、メディアの掌握を試み、不都合な事実は闇に葬り、内部からの批判は徹底的に抑圧する。

94年の政治改革により、党中央に権力が集中した結果、党内は挙手要員やイエスマンばかりになってしまった。党中央に逆らえば次の選挙で公認をもらえなくなるばかりか「刺客」を送られる。その結果、いびつな王国が出来上がった。こうして、あらゆる問題がうやむやになってきた。

「安倍チルドレン」と呼ばれた連中もいたが、要するに金玉を握られているわけだから、自由に動くことができない。

5年ほど前だったか、某国会議員は私に向かって「僕たちは安倍さんのおかげで政界デビューできたんです。だから表立って安倍さんの批判はしたくないんです」と言い放った。

これジャニーズの構図とどこが違うの?

（2023年5月27日）

思春期が現在進行形「河野首相」と甘酸っぱい国へ

くどいようだが、再び河野太郎について書く。なぜなら目の前に危機が迫っているからだ。世論調査で「次の総理」として河野の名前があがるのも、メディアがその危険性を指摘せず、あさっての方角から持ち上げるからだ。「この人なら何かやってくれそうな気がする」とツイートしている人もいたが、そこは同意する。

河野が総理になったら確実に何かをやらかす。政治家はこれから何をやるかではなく、これまで何をしてきたかで選ばなければならない。そうなると最初に選択肢から外れるのは河野だろう。

マイナンバーカードを巡るトラブルが続出すると、河野は「デジタル庁としての感度が低かった点はおわびを申し上げる」と意味不明の発言。部下の手柄は取り上げるし、失敗の責任は部下に押し付ける。強烈な自己愛に基づくスタンドプレーを繰り返し、周囲を振り回す。〝輝いている俺〟を見てほしいというのが行動原理になっているので、他人の迷惑も顧みない。一般的な常識に欠けている麻生太郎にすら「何が欠けているといえば、間違いなく一般的な常識に欠けている」と言われる始末。

誰しも思春期の頃の「ああ、やってしまった」という苦い思い出があるだろうが、現在進行形なのが河野である。河野のツイッターを見ると、本当に自分が好きで好きでたまらないのだなとよくわかる。あそこまで自己愛だけで完結している人も珍しい。

河野はG20の写真などと共に「タローを探せ」とツイート。「初級編」「上級編」などと銘打っていたが、どれだけ自分が好きなのか。星条旗のような柄のマスクや自分の顔をプリントしたマスクをつけたり、自分のかわいい似顔絵が描かれた「太郎のクッキー」の写真をアップしたり、自民党の役員会にはいていく靴下を公開したり。

河野の人間性を如実にあらわすエピソードがある。「朝の3時半に帰宅したら、愚息が全力でベーコンと叫んでいた。どうしたいんだ?」と突然ツイート。その後「あぁ、ベーコンは、結局、^%£$+＊・!%」などと意味不明の言葉を投稿し、これが話題になると、動画生配信で「ベーコンの秘密」について明かすと告知。思春期の女の子でも、このレベルのかまってちゃんはいない。河野が総理になったら、日本は確実に甘酸っぱい国になる。

(2023年6月3日)

河野太郎とマイナカード　システムより自分の頭の中を検証しろ

本連載の第1回で〈バカと戦ったところで、バカがいなくなるわけではない。社会のダニを批判したところで、日本がよくなる保証もない。それでも、目の前にあるゴミは片付けなければならない〉〈平成の30年にわたる「改革」のバカ騒ぎが安倍政権という悪夢に行き着いたのだとしたら、たとえ手遅れであったとしても、事なかれ主義と「大人の態度」を投げ捨て、バカとは戦わなければならない〉と書いたが、ここのところ少し疲れてきた。なにを言おうが、暖簾に腕押し。どれだけ不祥事が発覚しても、国が傾いても、責任をとる人間はいない。

今更、絶望するほどおぼこではないが、デジタル担当相の河野太郎の立ち居振る舞いを見ていると、吐き気を覚える。

マイナンバーカードの活用拡大に向けた改正マイナンバー法などの関連法が、6月2日に成立。2024年秋に現行の健康保険証を廃止して「マイナ保険証」に一本化するほか、マイナンバーの年金受給口座とひも付けられるようになる。

しかし、マイナ保険証に別人の情報がひも付けられたり、公金受取口座の誤登録やカードの取得者が受け取る「マイナポイント」の別人への付与など問題が続出。法律上は選択制であるはずのマイナンバーカードの取得は、保険証との一体化により、事実上義務化された。

河野は一連のトラブルはマイナンバーカードの構造的な問題ではなく、人為的なミスによるものだと言い張っていたが、これは構造的かつ人為的な問題だ。そして問題の根源こそ、スタンドプレーに走り、責任を他人に押し付けてきた河野である。

公金受取口座のトラブルの件では、政府は今年2月ごろに事例を把握していたにもかかわらず、6月5日には国会で「（5月下旬の）総点検調査の過程で把握した」と嘘をついていた。

質問にもまともに答えない。政府の対応が批判されると、河野は「日本だけデジタル化に背を向けることはできない」と意味不明なことを言い出した。フルスロットルのバカ。デジタル化が問題なのではなく、国民にまともな説明もせずに、おかしな方向に暴走していることが政治不信を招いているのだ。河野はシステムの検証を行うとも言っていたが、その前に自分の頭の中を検証したほうがいい。

（2023年6月17日）

実現した「完全無償化」を目指す　嘘とデマの維新を信用してはならない

維新の会は嘘とデマにより拡大した悪質な集団である。

大阪府は来年度から府民が通う府内の私立高校の授業料について、所得制限を設けず無償化する方針を表明。在阪メディアの偏向報道に洗脳されている人たちは、「維新の改革はすばらしい」となってしまうのだろうが、大阪の教育問題を真剣に考えてきた人たちは、開いた口が塞がらないだろう。

なにしろ、維新はこれまで一貫して大阪府の私立高校を「完全無償化」したとデマを流してきたからだ。現状は所得制限があり、入学金なども必要だが、維新に所属するデマゴーグたちは、口裏を合わせたかのように世の中を欺いてきた。サルでもわかる話だが、「完全無償化」されているなら「完全無償化」を目指す必要はない。

吉村洋文は２０２１年10月26日の街頭演説などで大阪では「身を切る改革」で財源を確保し「私立高校の完全無償化」を実現したと発言。吉村は、昔の大阪市は大赤字でそれを立て直したのが維新市政だったという趣旨の発言も繰り返してきたが、これも完全にデマ。大阪市のホームページには21年度一般会計決算について、〈歳入から歳出を差引きした形式収支は、４０９億３４００万円の剰余となっており、そこから翌年度に繰り越すべき財源を差引いた実質収支は、３０７億９６００万円の黒字と、引き続き黒字基調を維持しており、平成元年度以降33年連続の黒字となりました〉とある。

1月29日、藤田文武はNHK「日曜討論」で「大阪では行財政改革を徹底的にやって高等教育までの無償化が実現しており、全国でやりたい」と発言。

22年の参院選の政見放送で松井一郎は大阪の私立高校の入学金が無償である旨の発言をしたが、これもデマ。

21年の総選挙では馬場伸幸がテレビ番組や街頭演説で「私立高校も、大阪では完全に無償」とデマを流した。

維新が唱える新制度では、60万円を超える授業料は、私立高校が生徒の全員分を負担することになる。近畿2府4県の私学団体でつくる近畿私立中学高等学校連合会は当然「賛成できない」と意見を表明したが、吉村は「1校1校の意見を聞き、理解を得られるようにしたい」と発言。確実に言えることがある。これまで嘘をついてきた人間を信用してはならないということだ。

（2023年6月24日）

第8章

半グレ政党「維新」は一刻も早く消滅すべし

2023年7月〜9月

●この期間の主な出来事

8月7日：麻生太郎が台湾を訪問。蔡英文総統と会談
8月15日：高市早苗、萩生田光一などが靖国神社を参拝
8月17日：岸田文雄が訪米し、日米韓首脳会合に出席
9月2日：国民民主党代表選挙で玉木雄一郎が再選
9月7日：ジャニーズ事務所が記者会見を開き、ジャニー喜多川による性加害を認め、被害者に謝罪した
9月13日：第2次岸田第2次改造内閣発足

銃撃事件から1年　膨張する虚像、反省しない自民党

安倍晋三が奈良市で銃撃され死亡し、1年が経とうとしている。しかし、「結局、安倍とは何だったのか?」という総括ができているようには思えない。一方で、「安倍は偉大な政治家だった」という虚像をつくりあげる動きは加速している。

奈良県の自民党議員らでつくる有志団体は同市内の私有地に安倍の慰霊碑を設置するという。

さらには、安倍を「神」にする動きまで出てきた。「週刊新潮」の記事によると、奈良県吉野にある「吉水神社」の宮司が、安倍の〝言霊〟が降りてきたのを感じたという。宮司いわく「日本の神様である天照大御神の前には、実は17の神がいる。これと併せて安倍さんを〝安倍晋三大人命《うしのみこと》〟として祭り、鎮魂したいんや」。日本は八百万の神の国なので、便所の神様もいれば疫病神もいるのだろうが、多くの疑惑にまみれた一政治家を「天照大御神の前」の神々に並べるのは異常としか言いようがない。

産経新聞も相変わらず。論壇時評では〈「傑出した日本のリーダーであり、世界に

冠たる政治家」（インド首相のモディ）だっただけに、その不在は自民党や保守勢力に暗い影を落とし、最長政権を築いた存在の大きさを改めて浮き彫りにしている〉などと書いていた。さらには、高市早苗や小池百合子の安倍評を引用し、〈日本を取り戻し世界を導いた稀代の名宰相〉などと歯の浮くようなセリフで礼賛。カルトは怖いですね。

時間の経過とともに人々の記憶は薄れていく。しかし、忘却は歴史に対する罪である。実際、ほとぼりも冷めたとばかりに悪党が動きだした。

統一教会に近い萩生田光一は、安倍の一周忌をメドに清和政策研究会の新会長を選出すべきなどと言い出した。自民党神奈川県連は次期衆院選の公認候補予定者となる神奈川18区支部長に、山際大志郎を選んだ。統一教会とベタベタだった人物だ。

要するに、自民党はなにも反省していない。

私事で恐縮だが、今回「安倍晋三の正体」（祥伝社新書）を上梓した。本書には臆測は一切含まれていない。すべて公になっている検証可能な事実である。安倍を評価するにせよ、否定するにせよ、大事なことは妄想を膨らませるのではなく、諸事実を議論の前提にすることだ。

マイナンバー敗戦　ドツボにはまって焼け野原

（2023年7月1日）

マイナンバーカードの自主返納が増えているという。当然だろう。特に保険証とひも付けたことにより、国民の不安は一気に高まった。医療現場も大混乱。システムの不具合で保険資格が確認できず、患者が窓口で「医療費の10割負担」を求められるケースが相次いだ。

にもかかわらず政府は来年秋には紙の保険証の廃止を強行するという。

そもそも、この制度には構造上の欠陥がある。マイナンバーの氏名情報は戸籍と同様、漢字だが、読み仮名のカタカナは登録されていない。一方、銀行口座の名義はカタカナで管理されているので、口座が本人のものかを照合することができない。

正常な組織ならシステム自体を再構築するが、政府がやったことは莫大な税金を使ってポイントをばらまき交付率を上げることだった。

その結果が今の惨状だ。ついには厚生労働省が、混乱に対する当面の対応として、従来の紙の健康保険証も一緒に医療機関に持参するよう呼びかける方針を明らかにした。

え？　ええっ？

これまでは紙の保険証一枚で済んでいたのに、わざわざ混乱を生み出しているわけだ。デジタル相の河野太郎にいたっては「マイナンバー制度と、マイナンバーカードが世の中で混乱してしまっている。次にカードを更新する時には『マイナンバーカード』という名前はやめたほうがいいのではと、個人的には思っている」などと言い出した。

病膏肓《こうこう》に入るとはこのことだ。名称を変更しようが本質が変わるわけではない。統一教会が世界平和統一家庭連合に名称変更すれば、過去の問題は「なかったこと」になるのか。

戦争末期の大本営発表は、敗退を「転進」に、全滅を「玉砕」と言い換えた。安倍政権下でも、南スーダンの戦闘を「衝突」、オスプレイの墜落を「不時着」などとごまかしてきた。都合が悪くなれば、言葉を破壊し、定義自体まで変えてしまう。こうしたデタラメな連中を信用してはならない。

ここまで来たのだから撤退することはできないというなら、戦争末期と同じである。戦略ミスを認めれば傷は浅かったのに、現実を直視できない連中は自己欺瞞に陥り、ドツボにはまっていく。そして最後は焼け野原になる。

（2023年7月8日）

一周忌ビジネス「保守政治家安倍晋三」関連本の玉石混交

安倍晋三の一周忌ということで、関連の雑誌特集や書籍がいくつか出てきたが、中には安倍を「偉大な保守政治家」として礼賛するものもあった。もちろん、言論は自由だが、大事なことは事実を議論の前提にすることである。

先日、私は「安倍晋三の正体」（祥伝社）という新書を上梓したが、たくさんの肯定的なメッセージをいただいた一方で、「安倍さんを批判する適菜は極左活動家」といったツイートもあった。

私が極左活動家だったら、一部から右翼寄りと言われる「月刊日本」で保守思想の解説を何年間も連載しないとは思うが、こうした現象がなぜ発生するのか考えてみた。

おそらく、そのツイートをした人は、安倍を保守政治家だと思っているのだろう。そして「保守の反対は左翼」という感覚で、「適菜は左翼」と結論を出したのだと思う。

つまり、前提がおかしいから、すべてを間違う。前掲書でも詳しく述べたが、安倍は保守どころか、その対極にある人物だった。安倍の発言を検証しても、保守思想を理解していた形跡はない。マイケル・オークショット、ジョン・アクトン、シャルル＝ルイ・ド・モンテスキュー、エドマンド・バーク……。保守思想の歴史は、権力の集中・私物化を図ってきた安倍のようなものを全否定してきたのである。

成蹊大学の元学長で国際政治学者の宇野重昭は「彼の保守主義は、本当の保守主義ではない」と言った。にもかかわらず「保守政治家安倍晋三」という虚像がつくられたのは、偏向メディアがデタラメな報道を続けてきたからだろう。

三島由紀夫は日本語の「極度の混乱」を嘆いた。

〈歴史的概念はゆがめられ、変形され、一つの言葉が正反対の意味を含んでいる〉〈長崎カステーラの本舗がいくつもあるようなもので、これでは民衆の頭は混乱する。政治が今日ほど日本語の混乱を有効に利用したことはない〉（「一つの政治的意見」）

安倍政権においては、徹底的に言葉の破壊が行われた。それだけにとどまらず、都合が悪くなると「反社会的勢力」という言葉の定義まで変えてしまった。公文書という国家の記憶も攻撃された。

戦後の無責任体質、知性の劣化、言葉の混乱、メディアの腐敗が、安倍というパチモンを支えていたのである。

（2023年7月15日）

「バカな大将、敵より怖い」岸田政権を揺るがす河野太郎の暴走

河野太郎が八面六臂《ろっぴ》の大活躍である。正直、ここまでやってくれるとは思っていなかった。マイナンバーカードを巡るトラブルが続出する中、国民の怒りに火をつけまくり、さらにそこに油をそそいで煽り立てる。

全力で制度を潰しにかかっているようにしか見えない。

そもそも、この制度には構造上の欠陥がある。マイナンバーの氏名情報は戸籍と同様、漢字だが、読み仮名のカタカナは登録されていない。一方、銀行口座の名義はカタカナで管理されているので、口座が本人のものかを照合することができない。

このような「仕組み自体」の問題が数多く指摘される中、河野は「マイナンバーの

仕組み自体に起因するものは一つもない」と発言。

マイナカードと健康保険証をひも付け、任意のはずの取得が事実上義務化されたことにより、国民の不安・不満は一気に高まったが、カードの自主返納が相次ぐ中、河野は「返納が増えていると言う人がいるが、微々たる数だ」と発言。

空気を読む能力がゼロ。

新潟県内の講演では、マイナンバー制度を始めたのは民主党政権だとして、野党議員の批判に「おまえが始めたんだろ、と言い返したくなる」と述べている。幼児か。

当然、内閣支持率も激減。朝日新聞の世論調査（15、16日実施）では、マイナンバーをめぐる内閣の対応を「評価しない」が68％に上った。政府は「マイナンバー情報総点検本部」を設置し、秋までにデータの点検をせざるをえなくなったが、共同通信の世論調査（14～16日実施）では総点検では「解決しない」が74・7％に上っている。

制度以前に政府に構造上の欠陥があるのではないか。政府はカードを作らない人には、保険証代わりに「資格確認書」を発行すると言い出した。意味不明。だったら、現行の保険証も使えるようにすればいいだけの話。

岸田政権にとっては、進むも地獄、戻るも地獄という状況になっているが、この大混乱の立役者は当然河野である。「バカな大将、敵より怖い」という言葉もあるが、河野はフィンランド、スウェーデン、エストニアを「外遊」し、「（マイナンバーの）方向性に間違いはない」とも言っていた。制度見直しの決定まで、このまま暴走を続けてほしい。

（2023年7月22日）

グレーゾーン最大活用　絶望的に古くさい維新の体質

松井一郎と橋下徹がシニアディレクターを務める「株式会社松井橋下アソシエイツ」のホームページが開設（7月1日）されたが、そこには以下のような文面があった。

〈しかしながら、民間企業から役所へのアプローチ方法が非常に少ないため、誤ったアクセスにより贈収賄罪に問われるような事件が昨今でも多発しています。私たち二人と、長年最前線で活躍してきた実力あるプロフェッショナルの知識・経験・人脈を活かし、法令を徹底遵守した形で、透明かつ適正な手続きを進めることのお手伝いをしたいという思いから、この会社を立ち上げることとなりました〉

これに対しSNSなどで〝口利きビジネス〟〝官民癒着そのもの〟といった批判が殺到。結局、活動中止に追い込まれたが、グレーゾーンを最大限に活用するのはいつもの維新のやり方だ。

立憲民主党代表の泉健太は、会見で「まさか口利きというものではなく、と思いたいわけですよね」「（政治家のOBが）もし行政へのアクセスサポートというのをやり始めたら、これは何か不気味な感じがしませんかという話ですよね」と批判。

さらにイベントにおける橋下の発言に対し、〈立憲民主党ばかり攻撃している。私怨を持ち込んだ感情的な姿勢なら、政治番組のコメンテーターはやめるべき〉と指摘すると、橋下はブチ切れ。泉批判を繰り返し、しまいにはツイッターでアンケートをやりだした。その時点で十分バカだが、面白かったのは「辞めるべきは」という質問に対し、「橋下」という回答が断然の1位だったこと。藪蛇。自爆。

橋下はイベントで、松井が安倍晋三に「お酒を注ぎ倒して（万博が）実現した」とも発言。公私混同も甚だしい。昭和の任侠かよ。

周辺もはじけまくり。衆議院議員の前川清成は公職選挙法違反で2審も有罪判決を受けたが、その言い訳が「私だけが何か特別にずるいことをしたわけではない」。

市議の森健人の〈うちの父って反社みたいな人間なので〉といった〝脅迫LINE〟が「週刊文春」にすっぱ抜かれたり、立候補者の要件である居住実態がなかった県議の中村美香が当選無効になったり。市議の佐藤恵理子に至っては自分の下着姿の写真を希望者に販売していた。どこまでも絶望的に古くさい維新だった。

（2023年7月29日）

自民党支配で完全に底抜け　歴史も国家も消え、米国隷属だけが残った

30年くらい前までは、この時期になると、政治家の歴史認識問題が注目を集めていた気がする。右であれ左であれ、政治家は敗戦についてどう考えるか意見を述べ、ときには国民の反発に遭うこともあった。

しかし、今は完全に底が抜けてしまった。国家の一貫性を軽視する勢力が自民党に巣くうようになった結果、ついには原爆投下とポツダム宣言の時系列を理解していない総理大臣まで登場した。安倍晋三は〈ポツダム宣言というのは、米国が原子爆弾を二発も落として日本に大変な惨状を与えたあと、「どうだ」とばかり叩きつけたもの

です〉（「Ｖｏｉｃｅ」２００５年７月号）と述べていたが、ポツダム宣言は１９４５年７月26日、原爆投下は８月６日と９日である。これは単なる勘違いではない。終戦の経緯を理解していれば、このような発言が出てくるわけもない。このレベルの人物が「戦後レジームからの脱却」を唱えていたのも笑止だが、結局安倍がやったのは「戦後レジームの固定化」とアメリカ隷属路線の強化である。

その次に登場したのは、歴史そのものを「なかったこと」にする総理大臣だった。15年、沖縄県の基地移設問題を巡り翁長雄志《おながたけし》知事と官房長官の菅義偉は会談。沖縄の苦難の歴史を語った翁長に対し、菅は「私は戦後生まれなので、歴史を持ち出されたら困る」と言い放った。支離滅裂、意味不明。だったら、国会議員の大多数は歴史を無視していいという話になる。

長崎市内の平和公園で行われる予定だった平和祈念式典は台風の影響で屋内開催となり、岸田文雄は出席せずにビデオメッセージを送った。

〈一木一草もない焦土と化したこの街が、市民の皆様の御努力によりこのように美しく復興を遂げられたことに、私たちは改めて、乗り越えられない試練はないこと、そして、平和の尊さを強く感じる次第です〉

試練？　受験勉強ではあるまいし、長崎市民はアメリカにより、問答無用で焼き殺されたのである。乗り越えることができず、苦しみながら死んでいったのである。同胞に対する共感のかけらもない。国家という前提がないからだ。この類いの連中にとって、歴史とは都合が悪くなれば修正、改ざんするものであり、宗主国のアメリカ様のご機嫌を損ねないことだけが重要なのである。

（2023年8月19日）

市長選に候補擁立　維新の京都汚染で無名寺院はデジタル化、ビル乱立

日本維新の会の吉村洋文は、京都市長の門川《かどかわ》大作が来年2月の市長選に出馬せず、今期で退任すると報じられていることについて「維新の京都市長候補は必ず立てることになると思う」と発言。

これほど恐ろしいことはない。連中がやっていることは破壊を伴う大衆運動の一種であるからだ。

維新の創設者である橋下徹は、文楽や能、狂言など伝統文化に対する憎しみを、隠

しもしない人物だった。橋下は「なぜ人間国宝の公演でも客席が3割程度しか埋まらないのか。文楽の世界は身分保障の公務員の世界となっている」「世間とかけ離れた価値観、意識のもとに伝統に胡坐をかいてきたその結果が今の姿となった」とツイート、「文楽協会」への補助金を削減した。

また、「こういうロジックも成り立つんです。なぜストリップに助成金はダメなのか。自称インテリや役所は文楽やクラシックだけを最上のものとする。これは価値観の違いだけ。ストリップも芸術ですよ」とツイートし、大阪センチュリー交響楽団（現・日本センチュリー交響楽団）への補助金を廃止した。

松井一郎はタウンミーティングで「宮内庁がどう言うかはあるけどイルミネーションで飾ってみよう、中を見学できるようにしようといろんなアイデアを出して初めて指定される」と仁徳天皇陵を電飾で飾ると発言。歴史や文化に対する敬意のかけらもないチンピラ集団の手に京都が落ちたらどうなるのか。

8月18日、大阪府所蔵の美術作品105点が咲洲庁舎の地下駐車場に置かれている問題で、府は専門家らでつくる「アート作品活用・保全検討チーム」の初会合を開いた。吉村は会議の冒頭で「今月中に地下駐車場の作品の移転に着手する」と表明。

チームに参加した府特別顧問の上山信一は「作品をどこまで持ち続けていけばいいのかという根本的な問題が出てくると思う」と述べ、売却なども含め検討することを提案。また、「デジタルで見られる状況にしておけば、（立体作品の）物理的な部品は処分してもいいというのはありえると思う」とも発言。当然、反対意見も出たが、これが維新の本質である。

維新が京都を汚染するようになったら、インバウンド狙いの観光寺院だけ優遇して、無名の寺院はデジタル化して更地にし、景観を守るための規制も撤廃してビルを建てるなどと言い出しかねない。

（2023年9月2日）

嘘とデマで拡大　維新こそ日本から絶対になくなっていい政党だ

日本維新の会代表の馬場伸幸は、「月刊Hanada」10月号に「立憲民主党も日本共産党も日本から絶対になくなっていい政党」という記事を寄稿。これまでも馬場は7月23日放送のネット番組などで同様の発言を繰り返していた。番組では自民と維新の関係について「第1自民党と第2自民党でいい」とも発言。維新が「第2自民党」であることは、一部の情報弱者を除き多くの人が知っているが、野党を偽装するのもやめて完全に開き直ったわけだ。

そもそも馬場はどういう人物なのか。高校卒業後、ファミレスの店員を経て議員秘書に。堺市議を経て、2012年の衆院選で初当選している。馬場の取材を続ける朝日新聞の今野忍記者によると、「馬場さんは高卒で、大学入試は12学部も落ちて、予備校にも落ちた人」（ABEMA TIMES）とのこと。また、馬場本人によると、議員秘書になるときは衆議院と参議院の違いもよくわかっていなかったという（ENTAME next「ファミレスのコックから議員秘書へ」日本維新の会・馬場幹事長の意外な経歴）。

結局そのまま政治を理解せずに、維新という異常な組織の中でのし上がっていったのだろう。当たり前の話だが、意見が異なる政党の存在自体を否定するのは論外である。世の中には多様な意見・立場があるからこそ、それを調整するための議論の場が必要になる。そこで相手の存在を尊重するのはマナーというよりルールである。

その前提の上で言うが、私は「維新は日本から絶対になくなっていい政党」だと思う。本連載で繰り返し述べてきたように維新は嘘とデマにより拡大してきた組織であるからだ。嘘やデマは言論ではない。それは言論を破壊するものである。ルールを守れない連中は「言論の府」から退場させなければならない。

07年、馬場が支部長を務めていた「自由民主党大阪府堺市第12支部」は、暴力団関連企業から献金を受けていた。馬場は「世界日報」に何度も登場するなど、統一教会との関係も深い。

「週刊文春」による社会福祉法人〝乗っ取り疑惑〟も出ているが、馬場は説明しようともしない。

こんな人間に日本が乗っ取られたら目も当てられない。自民がダメだから維新に投票するというのは愚の骨頂である。

（2023年9月9日）

選対委員長就任　自民党を象徴する鴨ネギ小渕優子

13日に行われた内閣改造と自民党役員人事で、4役は茂木敏充幹事長、萩生田光一政調会長を留任、総務会長に森山裕、選対委員長に小渕優子が起用された。

２０１４年に政治資金規正法違反が報じられ、経済産業相を辞任したあと、表に出ることが少なかった小渕だが、ほとぼりも冷めたと思っているのだろう。実際、世間はすぐに忘れる。それでも「ドリル優子」というニックネームを多くの人が覚えているのは、それだけインパクトがあったからだろう。

改めて振り返ると、この30年にわたる自民党のドタバタ劇を象徴している人物のようにも見える。辞任の際には、「議員として、政治家としての説明責任を果たしていきたい」と述べたが、その後、きちんとした説明はない。これも自民党お馴染みのパターン。

東京地検特捜部は小渕の後援会事務所などを家宅捜索したが、パソコンのハードディスクが電動ドリルで破壊されていたことが明るみに。そんなことをしたら余計に疑われるだろうに、結局小渕は嫌疑不十分で不起訴となった（元秘書らは有罪）。

自民党はこの繰り返し。証拠は徹底的に隠蔽し、世間が忘れるのを待つ。

そもそも小渕はいかがわしい人物である。公用車運転委託業務の入札にまつわる談合疑惑がある「日本道路興運」およびそこの前社長から献金を受けていたり。

野党攻撃のためのデマや歪曲編集動画を拡散させていたDappiなるネトウヨアカウントが個人ではなくて法人だった件においては、この法人と小渕の資金管理団体が取引していたことも判明している。

カネの使い方はデタラメもいいところ。選挙区内で自分の顔写真をワインのラベルに入れた「小渕ワイン」を配ったり、政治資金を使って親族企業からネクタイを買ったり、ベビー用品や化粧品、高級服、しまいには下仁田ネギやコンニャクまで買っていた。「じゃが芋代」約48万円、「馬鈴薯代」約47万円も計上していたが、じゃが芋と馬鈴薯ってどこが違うのか？

なお、13年に小渕が選挙区内の生産者に支払ったネギ代は123万円。こんな人物が選対委員長って、野党にとっては鴨がネギを背負ってやってくるようなものだ。

（2023年9月16日）

自民党の異常性を体現　日本を崩壊させる「杉田水脈」

自民党の杉田水脈がネット上でアイヌ民族を侮辱する投稿をしたことについて、札幌法務局は「人権侵犯の事実があった」と認定。杉田に対し「啓発」の措置を取った。

杉田は２０１６年の国連女性差別撤廃委員会でアイヌ女性らを無断で撮影し、「チマチョゴリやアイヌの民族衣装のコスプレおばさんまで登場」「同じ空気を吸っているだけでも気分が悪くなる」などとネットに投稿していた。

そもそも杉田といえば、現実と妄想の区別がついていない人物である。

16年、保育所の待機児童問題に関して、産経新聞のサイトの自身のコラムで「旧ソ連崩壊後、弱体化したと思われていたコミンテルンは息を吹き返しつつあります。その活動の温床になっているのが日本であり、彼らの一番のターゲットが日本なのです」などと述べていたが、22年11月、国会で「事実として確認できず、不用意な発言だった」として撤回。

20年９月の自民党内の会議では、性暴力被害者の相談事業をめぐって「女性はいくらでも嘘をつけますから」とあたかも被害を虚偽申告する女性が多数いると受け取れる発言をした。

会議後杉田は「そんなことは言っていない」と発言を否定したが、参加者や関係者の証言もあり、逃げ切ることはできず、最終的にブログで「事実と違っていた」と嘘を認めた。

22年10月、ジャーナリストの伊藤詩織がツイッター上の中傷投稿に「いいね」を押されて名誉感情を傷つけられたとして、杉田に損害賠償を求めた件で、東京高裁は杉田に55万円の支払いを命じた。

社会は正常な人間だけで構成されているわけではない。社会の最底辺には、杉田のような嘘、デマ、ヘイトスピーチを垂れ流す邪悪な人間がいる。

一番の問題はこのような人物を優遇し野放しにしてきた安倍晋三や岸田文雄だ。つまり、自民党という組織自体が異常極まりないのである。

18年、杉田が「新潮45」に寄稿した記事（「LGBT支援の度が過ぎる」）は批判を浴び、最終的に雑誌は〝廃刊〟になったが、文章の最後は〈「常識」や「普通であること」を見失っていく社会は「秩序」がなくなり、いずれ崩壊していくことにもなりかねません。私は日本をそうした社会にしたくありません〉と締めくくられていた。

おまえが言うな。

（2023年9月30日）

第9章

2023年10月〜12月

次々に露呈した腹黒すぎる詐欺集団の手口

●この期間の主な出来事

10月1日：この日からインボイス制度が開始
10月13日：文部科学省が「世界平和統一家庭連合（旧・統一教会）」に解散命令請求を行い、東京地方裁判所はこれを受理
11月18日：いわゆる「政治資金パーティー収入の裏金問題」で東京地検特捜部が自民党各派の事務担当の聴取開始
12月10日：大谷翔平のロサンゼルス・ドジャース移籍が明らかに
12月14日：裏金問題で疑惑のある自民党議員が続々と役職を辞職

「不祥事は許して」ジャニーズ　統一教会　維新の共通点

ジャニーズ事務所の問題と統一教会の問題はよく似ている。外国の報道や銃撃事件などで風穴があかない限り、ほとんどの人は目の前にある現実に対し、見て見ないふりをする。そして、騒動になった後で、「そんなことは前から知っていた」とうそぶき、安全な場所からおもむろに批判を始める。

「維新の会」の問題も同じだ。所属議員や関係者が連日のように犯罪や不祥事を起こしているのに、組織としての責任は問われず、野放し状態になっている。

衆院議員の前川清成は、2021年の衆院選の公示前に投票を呼びかける文書を不特定多数の有権者に送ったとして、公職選挙法違反で2審で有罪判決を受けたが、その後、「私が裁判を抱えているため、前の選挙で重複立候補した奈良1区での党の選挙の準備が遅れることはあってはならず、いったん身を引きたい」と発言。つまり、議員辞職の理由は法を犯したからではなく党の都合。

枚方市長の伏見隆は、投開票の約2週間後に「祝勝会」の横断幕が掲げられた集会に出席。公選法は選挙後の当選祝賀会の開催を禁じている。吉村洋文は「誤解を招くような行為はあってはならないと思うし、慎重であるべきだ」と述べたが、どこが誤解なのか。明らかな公選法違反である。

22年の参院選で選挙事務所を複数設置した元富山市議の上野蛍について、富山維新は当初「調査し、真実と事実を明らかにします」とコメントしていたが、一転、「以前から結果を発表するという話は一切していない」と言い出した。

奈良県斑鳩町町議の大森恒太朗《こうたろう》は、自治会の会計責任者だった際にカネの使い込みをしていた。

大阪府議の笹川理《おさむ》から押し倒され性的暴行を受けたとして市議の宮脇希は大阪府警に被害届を提出し、受理された。

挙げていけばキリがない。この連載でも繰り返し指摘してきたが、順法精神のかけらもない連中が、言い訳にもならない言葉を並べ立て、悪事の限りを尽くしている。

22年6月4日、吉村は街頭演説で、「ま、ちょっと不祥事する人はいますけども、許してください」と発言。冗談ではない。維新がやってきたことは「不祥事」という言葉で収まるものではない。少なくともカネを盗んだり、女性を押し倒すような人間は議員になるべきではない。

（2023年10月7日）

夜郎自大のエセ保守がバッジをつけたら日本も終わり

ネトウヨライターの百田尚樹と、百田の〝事故本〟「日本国紀」を編集した有本香が「日本保守党」なる新党を立ち上げたとのこと。

百田いわく「安倍（晋三）さんが亡くなってから、自民党の発言、動きを見ているともうダメだと。他に支持する政党がない。自分が立つしかない。立てるしかないと思った」とのこと。一体なんの冗談なのか。

あらゆる売国政策で国を破壊し、アメリカ隷属化を進めてきたのが安倍ではないか。有本は「欧州で起きていることを見れば何が起きるかわかるはずだ。具体的な仕組みを作らないまま、単に人手不足だから外国人を入れようというのはいくらなんでもひどい」と述べていたが、その移民政策の拡大を全力で進めたのが安倍である。連中はこの反日カルト統一教会の広告塔だった男を礼賛し、日本の歴史を歪め、せこい愛国ビジネスにはげんできた。

「日本国紀」は事実誤認だらけ。内容も支離滅裂。織田信長は「一向一揆鎮圧の際も女性や子供を含む2万人を皆殺しにしている。これは日本の歴史上かつてない大虐殺である」と述べる一方で、「日本の歴史には、大虐殺もなければ宗教による悲惨な争いもない」。

フランシスコ・ザビエルとルイス・フロイスを間違えていた件に関しては「どっちにしても外人や」。ウィキペディアや関連書籍、ネット上のまとめ記事からの膨大な無断転載も発覚。

口を開けば「日本の歴史」「保守」がどうこうと言うが、歴史の知識はデタラメだし、安倍を保守と誤認している時点で、保守思想を理解しているとは思えない。わが国の歴史に対するふざけた態度は、今回の「結党宣言」にも表れている。百田は〈神話とともに成立し、以来およそ二千年、万世一系の天皇を中心に、一つの国として続いた例は世界のどこにもありません。これ自体が奇跡といえるでしょう〉と述べていたが、万世一系に学術的根拠はない。

こういう夜郎自大の自慰史観を恥じらいもなく述べるエセ保守がのさばったままの

国というのも奇跡に近い。自称保守向けの月刊誌で妄想を垂れ流しているだけならまだしも、こんな連中が1議席でもとったら、いよいよ日本も終わりである。正常な思考を維持している保守は、エセ保守による日本破壊を阻止すべきだ。

（2023年10月14日）

統一教会と自民党　第三者機関が安倍晋三の正体解明を

10月13日、文部科学省は統一教会に対する解散命令を東京地方裁判所に請求した。今後は東京地裁が解散命令の適否を司法判断することになる。

ただし解散命令が確定しても、教団の宗教法人格が取り消され、税制上の優遇措置などが失われるだけで、「任意団体」として活動を続けることはできる。それ以前に、自民党が統一教会と決別できるとは思えない。岸田改造内閣では統一教会との接点を認めた議員4人が入閣。萩生田光一は政調会長に留任した。また、統一教会の関連団体が運営する職業訓練校への政府開発援助（ODA）資金の供与が、2014～15年当時外相だった岸田文雄の関与のもとで行われていたことも発覚。

1989年、教祖の文鮮明《ムンソンミョン》は自民党の当時の安倍派を中心に関係を強化するよう信者に説いていた。

「まず日本の国会議員との関係強化である。そうして国会内に教会をつくるんです」

「それで、自民党の安倍派などを中心にして、数を徐々に増やしていかなければなりません。分かりましたか」

98年には信者に向けて、日本国内の預貯金は「皆さんのためのもの」と語っていた（毎日新聞電子版＝22年11月11日配信）。「日本に1200兆が貯金されているそうだ。その1000分の1を使いたいか。1000分の1を使いたいか。いくら使いたいか」と信者に問いかけていたという。

06年に安倍晋三が首相に就任すると、その1週間後に、文は安倍の「秘書室長」と面会するよう信者に指示（毎日新聞電子版＝22年11月7日配信）。統一教会は、日本の政治家と結託することで、霊感商法などを拡大し、日本からカネを吸い上げてきた。そのカネは韓国などでマネーロンダリングされた後に北朝鮮に送金されミサイルの資金源になっていた疑いもある。

「文芸春秋」（23年1月号）によると、統一教会が4500億円を北朝鮮に送金していたことを米国防総省情報局（DIA）がつかんでいたとのこと。

自民党に自浄作用を期待しても無駄だ。今必要なのは、第三者機関を設置し、統一教会が安倍を「不世出の政治家」と礼賛するようになった経緯、統一教会関連のイベントに「韓鶴子総裁をはじめ、皆さまに敬意を表します」とオンラインメッセージを送った安倍の正体を明らかにすることである。死人に口なしではすまされない。

（2023年10月21日）

Dappiと自民党　デマ被害者は告発し、黒幕を追い詰めろ

安倍晋三や麻生太郎といった特定の政治家が有利になる情報を流してきた「Dappi」の正体がついに明らかになった。

「Dappi」は2020年10月、森友学園への国有地売却を巡り、財務省の決裁文書改ざんを苦に自殺した近畿財務局職員について「近財職員は杉尾秀哉や小西洋之が1時間吊るしあげた翌日に自殺」とツイート。しかし両議員が近財職員と面談した事実はなかった。要するに完全なデマである。

立憲民主党の小西、杉尾両議員は東京地裁に発信者情報の開示請求を申し立て、21年9月、通信会社に開示が命じられた。発信元がＩＴ関連企業「ワンズクエスト」と判明したため、両議員は同社と社長の小林幸太らに損害賠償などを求め裁判を起こした。

23年10月16日、東京地裁は同社と小林らに計２２０万円の支払いと投稿の削除を命じる判決を出し、「（前略）被告小林の指示の下、被告会社の従業員あるいは被告小林によって行われたものと認めることができる」と認定した。

これまでも「Ｄａｐｐｉ」は福山哲郎が安倍の不規則発言を注意したときの映像を新型コロナウイルス感染症の政府専門家会議の尾身茂副座長に対して声を荒らげたように編集したり、菅義偉と枝野幸男の党首討論を歪曲編集したものを垂れ流したり、有田芳生の長男が北朝鮮に頻繁に出入りしたというデマを流したりしてきた。

問題は誰が小林を動かしていたかである。

自民党は同社の主要な販売先のひとつだった。自民党東京都支部連合会からは「テープ起こし」などの名目で同社にカネが支払われている。「しんぶん赤旗」日曜版の取材により、自民党本部の事務方のトップである元宿仁が小林の親類であることは特定されているが、同社は岸田文雄や甘利明が代表取締役を務めていた自民党関連企業とも取引関係があった。

小林の工作に大量の資金が流れていたとするならば、単なる世論操作・世論誘導に収まる話ではない。特定の政党を狙ったある種の「テロ」である。

疑わしいのは自民党だ。身に覚えがないなら、率先して説明すべきだが、期待できそうもない。よって「Ｄａｐｐｉ」にデマを流された人たちは刑事告発を行い、裁判により黒幕を追い詰めるべきだ。それができなければ、依然として日本は闇の中ということになる。

（２０２３年10月28日）

馳浩が暴露した五輪招致の裏側　国会でカネの流れを解明すべきだ

石川県知事の馳浩がいい仕事をした。東京五輪招致に関する黒幕の名前をポロッと漏らしてしまったのだ。

馳は講演で、２０１３年に招致が決まった東京五輪をめぐり、開催都市決定の投票権を持つ国際オリンピック委員会（ＩＯＣ）の委員約１００人に対し、内閣官房報償費（機密費）で贈答品を渡したという趣旨の発言をした。ＩＯＣ委員の選手時代の写真を1冊20万円でアルバムにして配ったとのことだが、それが事実ならＩＯＣの倫理規定に触れる可能性がある。

また、当時首相だった安倍晋三から「五輪招致は必ず勝ち取れ」「カネはいくらでも出す」「官房機密費もあるから」と告げられたとした。もちろんアルバム程度で買収できるわけがない。注目すべきは安倍が機密費を使った買収工作を命じていたことだ。

その後、馳は「誤解を与えかねない不適切な発言だった」として全面撤回したが、これは、陸上男子棒高跳びで活躍したセルゲイ・ブブカらの名前を出して具体的に事実関係を述べたものであり、撤回すれば消えるような話ではない。

この連載でも述べてきたが、安倍はオリンピックの強行にこだわり続けた。

招致の際の最終プレゼンテーションでは「（福島第1原発の汚染水は）完全にブロック」されていると嘘をついている。東京電力はこの発言を否定。実際には高濃度の汚染水が漏れまくりだった。安倍は「確かな財政措置」が「確証」されているともホラを吹いたが、当初、７３００億円程度とされていた施設整備を含む大会の総経費は、その後ねずみ算式に膨れ上がっていった。

東京都と日本オリンピック委員会がつくった招致委員会による買収疑惑も発覚。フランス検察当局は捜査を開始。新国立競技場の設計は迷走を極め、エンブレムはパクリ騒動でやり直し、新型コロナの感染拡大により日本国民の7～8割が開催に反対する中、安倍は「共産党に代表されるように、歴史認識などにおいても一部から反日的ではないかと批判されている人たちが、今回の開催に強く反対しています」（「月刊Ｈａｎａｄａ」21年8月号）などと妄想を膨らませた。

国民の7～8割が「反日」？

バカにも限度がある。馳の国会招致を行い、カネの流れの解明を急ぐべきだ。

（２０２３年11月25日）

支離滅裂かつ悪質　万博強行する維新の「公金チューチュー」

日本維新の会代表の馬場伸幸が、また大嘘をついた。

馬場はネット番組に出演し、２０２５年大阪・関西万博の実施について、国民の反対が多くなったとしても「絶対にやめない。やめると、日本の国のイベントだから世界から信用を失う。未来永劫、日本が世界を巻き込むイベントに名乗りをあげるということができなくなる」と発言。

誘致当初の会場建設費は１２５０億円とされていたが、今年10月には２３５０億円と約1・9倍に膨れ上がっている。会場建設が大幅に遅れていることもあり国民からは中止を求める声も出てきたが、馬場は「説明をし続ける。ご理解をいただくように頑張る。その結果、大阪ではほとんど反対がない」とデマを流した。

共同通信の世論調査（11月3〜5日実施）では、万博開催について「不要だ」は68・6％、「必要だ」は28・3％。大阪を地盤とする維新の支持層ですら「不要だ」は65・7％、「必要だ」は33・1％である。

連中は本当に息を吐くように嘘をつく。ＳＮＳでは「都市博を中止した東京は五輪を開催しましたが」などとツッコミも入っていたが、それ以前に、維新がやってきたことは支離滅裂かつ悪質だ。

17年2月、松井一郎は「万博が誘致出来れば、その経済効果は6兆円以上」とツイートしていたが、大言壮語を繰り返し、責任を取らないのも連中のお馴染みの手口である。

「都構想」という名の大阪市解体を狙った住民投票を仕掛けた際には、当初年間4000億円の財政効果があると大ボラを吹いていた。

馬場は会見で会場建設費について「しかし、何が起こるかわからないから、もっともっと建設資材や油が値上がりしていくという外的要因があれば、『絶対に上げないか』と言われれば、その都度中身は精査して判断していくということになる」と含みをもたせている。「公金チューチュー」という言葉は、こういう連中にこそ使うべきではないか。

万博の中止を決めた場合の補償額の上限は、現在約350億円だという。これは物議をかもしている万博の大屋根（リング）の建設費とほぼ同額だ。だったら、補償額が跳ね上がる前に中止を決めたほうがいい。

一部の連中の利権のために国民を巻き添えにする悪党がのさばっているから、日本は信用を失うのである。

（2023年12月2日）

デマまみれ万博　夢洲は政界の〝産業廃棄物〟処分場へ

大阪・関西万博をめぐり、会場となる大阪湾の人工島・夢洲《ゆめしま》の下水道や電力などのインフラ整備が２０２５年４月の開幕に間に合わない可能性が出てきた。

また、会場の変電所予定地の売却額が大阪市の諮問機関「不動産評価審議会」の審査に通らず、止まったままになっている。ではなぜこんな不便極まりない場所で万博を開催することになったのか？

万博の後にカジノを中核とした統合型リゾート（ＩＲ）として利用するからだろう。だから連中は必死になっている。20年11月29日、橋下徹はイベントでこう発言。「万博が実現したのは松井さんの政治力。安倍さんのおちょこに酒を注いで『（万博は）必要ですよね！　総理！』。安倍さんはお酒が強くないのに、安倍さんも『そうだよね！』。それまでは（世論は）シラ～ッとしていたが、お酒を注ぎ倒して実現した」

密室政治もいいところである。

会場建設費はねずみ算式に膨れ上がり、建設も大幅に遅れ、開催中止を求める声が大きくなる中、例によって連中は嘘、デマを垂れ流し始めた。

橋下は〈万博リング。京都清水寺の舞台と同じ懸造り。釘を一切使わないあの工法〉とX（旧ツイッター）に投稿。吉村洋文はテレビ番組で「日本の木材建築技術ってすごくて、清水の舞台ってあるじゃないですか。あれは貫工法といって釘を使わないのに耐震性がすごく強い芸術的な作り方。これと同じ工法で（リングは）作られています」と発言。

これも大嘘。11月24日、経産省の審議官がリング建設に釘やボルトを使っている旨、国会で答弁している。

前回も述べたが、馬場伸幸はネット上の動画番組で、国民の声への対応について「説明をし続ける。ご理解をいただくように頑張る。その結果、大阪ではほとんど反対がない」とデマを流した。共同通信の世論調査（11月3～5日実施）で、日本維新の会の支持層ですら「不要」が65・7％で「必要」の33・1％を大きく上回っているにもかかわらず。

大阪市役所正面玄関前には、でっぷりと腹を膨らませ寝そべる公式キャラクター「ミャクミャク」の巨大モニュメントが登場した。大阪に寄生する悪の象徴のようだ。夢洲はゴミの最終処分場だが、政界における〝産業廃棄物〟も、ここで終焉を迎えてほしい。

（2023年12月9日）

裏金疑惑　面白すぎる自民党 最後のきらめき

面白いと言っては不謹慎だが、自民党はすでに制御不能になっており、火に油を注ぐ人たちが内部から次々と登場。

衆院議員の谷川弥一は、所属する安倍派から直近5年間で4000万円超の裏金のキックバック（還流）を受けた疑いがあるが、地元報道機関の質問に対し「頭悪いね。言ってるじゃないの。質問してもこれ以上は今日言いませんと言ってるじゃない。分からない？」と逆切れ。

このタイミングでわざわざ国民の反感を買うようなことを言うのも、面白過ぎる。星が消滅するときの最後のきらめきのようなものか。

河野太郎は「きちんと膿を出し切ることが大事だ」「（政治資金収支報告書に）記載

していないのは法律に違反する。申し開きできない」と発言。自身が所属する麻生派の資金管理については「特に問題はないと聞いている」「国民の政治不信が高まる中、ルールに基づいて政治資金を取り扱うのは最低限のことだ」と説明した。

しかし、「しんぶん赤旗日曜版」（12月10日号）は、安倍派、二階派だけでなく、麻生派も所属議員へのキックバックを〝裏金〟で行っていた疑いが浮上と報道。関係者の証言によると「派閥の例会で、派閥幹部が現金が入った封筒を手渡していた」とのこと。

コントかよ。

「報道特集」（TBS系）は安倍派に所属する国会議員の証言について報道。

「キックバックについては『派閥から政治資金収支報告書に書くなと言われた』と事務所の会計責任者が言っていた。修正しなければならないと思っている」

要するに、組織的な犯行だ。今回の裏金問題は、いかがわしい勢力による国家の私物化という問題の一環である。

つい先日も、石川県知事の馳浩が2013年に招致が決まった東京五輪をめぐり、国際オリンピック委員会の委員約100人に対し、内閣官房報償費（機密費）で贈答品を渡したという趣旨の発言をうっかりしてしまったが、その際、当時首相だった安倍晋三から「五輪招致は必ず勝ち取れ」「金はいくらでも出す」「官房機密費もあるから」と告げられたとした。

広島の大規模買収事件などもそうだが、安倍周辺では不自然なカネの動きが多すぎた。自民党自体が膿なのだから、更迭や議員辞職程度で済む話ではない。下野あるいは解党が必要だ。

（2023年12月16日）

年末恒例「2023年のバカ」トップ10自民と維新が豊作

今年も大豊作。年末の恒例企画「今年のバカ」。

【第10位】高木毅

裏金騒動で高木は議員辞職にまで追い詰められるのか。「議員は落ちたらタダの人」という言葉があるが、高木の場合は「議員を辞めたらタダのパンツ泥棒」だよね。

【第9位】三浦瑠麗

「あの人は今」状態だが、あさっての方向からの旧統一教会擁護を連発していたことを忘れてはならない。安倍晋三の化けの皮がはがれた今、この類いの連中の正体も明らかにすべき。

【第8位】高市早苗

安倍政権時代に作成された総務省の内部文書には「現在の放送番組には明らかにおかしいものもあり、こうした現状は正すべき」という安倍の発言などが記載されていたが、高市は「全くの捏造文書だ」と主張。捏造でなかった場合は閣僚や議員を辞職するかと問われると、「結構だ」と答えた。その後、総務省の文書であることが確認された。で、高市はいつになったら議員を辞めるの？

【第7位】河野太郎

自己愛過剰の〝クソガキ〟。チヤホヤされると満面の笑みを浮かべ、少しでも批判されるとプンプン怒る。そのレベルで政治をやっているから、新型コロナウイルスもマイナンバーカードもすべての案件で失敗した。

【第6位】杉田水脈

自民党のヘイト担当。ネット上でアイヌ民族を侮辱し、札幌法務局と大阪法務局は人権侵犯と認定した。

【第5位】Ｄａｐｐｉ

安倍や麻生太郎といった特定の政治家が有利になるデマ情報を流してきた「Ｄａｐｐｉ」の正体が明らかに。ＩＴ関連企業「ワンズクエスト」と社長の小林幸太らの主要な販売先は自民党だった。

【第4位】吉村洋文

今年もデマに始まり、デマに終わった。中でも維新の会が私立高校の完全無償化を実現したというデマは注目を浴びた。

【第3位】馳浩

東京五輪招致に関し、安倍から「カネはいくらでも出す」「官房機密費もあるから」と告げられたと、うっかり漏らしてしまう。ＧＪ。

【第2位】馬場伸幸

大阪・関西万博について大阪ではほとんど反対がないという趣旨の発言。世論調査を見ればわかるとおり根も葉もないデマである。

【第1位】安倍晋三

今回の一連の騒動は、国家の中枢が安倍と周辺一味により汚染されていたことを示している。

（2023年12月23日）

最終章

2024年1月～3月

危機管理能力ゼロの自民党とは決別せよ！

●この期間の主な出来事

1月1日：石川県能登地方でマグニチュード7・6の地震が発生。能登半島は死者245人など甚大な被害を被る

1月19日：自民党の派閥・清和政策研究会（安倍派）、志帥会（二階派）が解散する方針を決定

1月26日：第213回国会（常会）が召集される

2月22日：日経平均株価が史上初めて39000円を超え、34年ぶりに取引時間中の史上最高値を更新

2024年は安倍残党を完全駆除する正念場

2023年、振り返れば、いい年だったのかもしれない。日本の凋落が止まらず、将来を悲観する人が増える中、最後の最後、首の皮一枚でつながった感がある。特に安倍晋三と周辺一味の正体が明らかになったのは大きい。安倍派パーティー収入裏金事件は、単なる個別の政治家の犯罪ではなく、組織的犯罪であり、もっと言えば、国家の私物化の一環である。結局、政治家が悪事に手を染めていたのではなく、悪党が政治に手を染めていたのだ。

連中は国のカネを使って、やりたい放題やってきた。

石川県知事の馳浩は東京五輪招致に関し、安倍から「カネはいくらでも出す」「官房機密費もあるから」と告げられたとうっかり漏らしている。元官房長官の河村建夫も、選挙向けなどに月1億円を機密費として使っていたことを暴露。自民党に有利になる情報や近畿財務局職員に関するデマを流してきた工作員「Dappi」の正体も裁判で明らかになった。

ＩＴ関連企業「ワンズクエスト」と社長の小林幸太らの主要な販売先は自民党だった。さらには訴訟が提起された後、少なくとも22年まで、小渕優子が代表を務める政治団体が「ワンズクエスト」と取引を続けていた。

昨年末から東京地検特捜部は安倍派議員の関係先に強制捜査を行い、わずかな光が見えてきたが、まだ安心はできない。自民党が下野したわけでもないし、岸田文雄はどさくさに紛れて、総裁任期中の憲法改正などと言い出している。

安倍周辺カルトの動きも活発だ。安倍を「不世出の政治家」と礼賛した統一教会は、「世界日報」で安倍派をめぐる動きに激怒。「【政界一喝】安倍派報道の屈辱に負けるな」というコラムには「安倍元首相と安倍派の名誉にかけて、その遺志を受け継ぐ有志らによって再起し、日本国のために立ち上がらなければならない」とある。

これからが正念場だろう。奇跡的にやってきたこのタイミングで、安倍の残党を完全に駆除しない限り、日本の再浮上はない。幸いなことに社会の正常化は少しずつ進んでいるように見える。大阪・関西万博も完全に行き詰まり、維新の会の化けの皮も剥がれてきた。悪党は根の部分でつながっている。この先は安倍一味を支えてきたメディアの正体も明らかにしなければならない。

能登地震でハッキリした　国家溶解と自己責任社会の完全到来

（2024年1月6日）

1月1日、石川県能登半島で最大震度7の大地震が発生。死者・行方不明者は増え続け、いまだ全容はつかめていない。一方ではっきりしたことがある。それは自民党に危機管理能力が完全に欠如しているということだ。もっと言えば、権力の中枢に食い込んだ新自由主義勢力と財界の手下がこの30年かけて目指してきた国家の否定と「自分の身は自分で守れ」という社会が完全な形で到来したわけだ。

2020年9月14日、自民党総裁に選出された菅義偉は目指す社会像として「自助・共助・公助」を掲げ、「まずは、自分でできることは自分でやってみる。そして、地域や家族で助け合う。その上で、政府がセーフティーネットで守る」と発言。

1月6日、菅のX（旧ツイッター）アカウントは次のように投稿した。

〈こんにちは。スタッフから報告です。本日、能登半島地震被災地への救援募金活動を実施しました。皆様から156、280円お預かりしました。自民党県連を通じて

早急に被災地へお届けします。ご協力、本当にありがとうございました〉

どこからツッコんでほしいのか?

震災から何日も経っているのに、政治家が民間人から小銭を集めるって冗談にも程がある。

小泉進次郎もインスタグラムで募金活動を写真付きでアピール。

〈こどもも高校生も大人もお年寄りも、皆さまありがとうございました〉

〈「募金をやってくれてありがとう」と何人からも声をかけて頂きましたが、支援をしたくても何をしたらいいかわからない、居ても立ってても居られないという想いを持つ方々がいかに多いか、肌で感じる時間でした〉

小学生の感想文か。募金箱を持って歩くだけなら、それこそ「こども」でもできる。集まった募金は、日本赤十字社を通じて被災地支援に使用されるというが、だったら赤十字社に直接振り込めばいい。

要するに、自分たちがやるべき仕事を理解していない連中が、被災地を追い込んでいるのである。

1月5日、岸田文雄は時事通信社などが主催の新年互礼会に参加。作業着姿のコスプレに胸に赤い花をつけていた。あいさつの冒頭で震災に軽く触れたものの、最後はにやにや笑っていた。

現在わが国で発生しているのはナショナリズムの衰退である。特に安倍政権以降、国家という意識が完全に溶解してしまった。

（2024年1月13日）

安倍派幹部「不起訴」で問われる法の下の平等

東京地検特捜部は、パーティー収入の一部を政治資金収支報告書に記載しなかったとする政治資金規正法違反容疑で告発された安倍派幹部7人を不起訴とする方針を固めたとのこと。同派幹部と会計責任者の共謀は認定できないと判断。収支報告書を作成・提出した会計責任者だけを立件するという。幹部らは還流について「派閥会長が決定する案件だった」などとし、不記載への関与を否定。要するに、捜査の対象にならない死人（細田博之・安倍晋三）に責任を押し付けたわけだ。会計責任者も「幹部から不記載の指示は受けていない」との趣旨の説明をしたらしいが、独断で裏金をつくるわけがない。どう考えてもクロだから検察は捜査に踏み込んだのだろうし、証拠が見つからないなら、捜査を加速させればいい。なぜいきなり捜査打ち切り、立証困難という話になるのか。

不記載額が4000万円を超えた池田佳隆《よしたか》は逮捕、大野泰正《やすただ》、谷川弥一は刑事責任を追及されるというが、不記載額がそれに満たない議員は、立件しないという。この4000万円という基準もわからない。裏金のキックバックの提供そのものが犯罪ではないか。

話を別の方向に誘導する人たちも現れ始めた。

安倍派の塩崎彰久は、支援者らを招いて「新春の集い」を開催。「今問われているのは自民党の自浄能力」「もう一度〝自民党をぶっ壊す〟覚悟で、若い世代が政治と党改革を行うエンジンとなっていきたい」などと言っていた。自民党はすでに完全にぶっ壊れているし、自浄能力がないことも明らかになっている。

岸田文雄は「政治刷新本部」の初会合で、「国民の信頼を回復するため、日本の民主主義を守るためには、自民党が自ら変わらなければならない」と発言していたが、だったら下野したほうが早い。

「政治刷新本部」の第2回会合では、安倍派の複数の議員が、安倍派を解散すべきだと主張。防衛副大臣を辞任した宮沢博行は、記者団に対し、「今回のことも派閥の存在が原因で起きたことだ」と会合で述べたと明らかにした。

かつて自民党はリクルート事件などの政治とカネの問題を選挙制度の問題にすり替えたが、今回は派閥の問題にすり替えようとしている。しかし、今回の件で問われているのは法の下の平等である。

（2024年1月20日）

裏金でおわび合戦　安倍の祟りを恐れたのか

今回の自民党の裏金問題。東京地検特捜部は立証困難としていきなり捜査を打ち切ったが、疑わしい連中は少しはしおらしくなるどころか、全力で国民をおちょくり始めた。

萩生田光一は国会内で記者会見し、安倍派の政治資金パーティーを巡り、2018～22年の5年間で、パーティー券販売のノルマ超過分として派閥からキックバック（還流）を受けた計2728万円を政治資金収支報告書に記載していなかったと明らかにした。

「この間、捜査当局に協力をする過程で、メドがつくまで詳細な説明は控えてほしいとの要請があったことや、昨日まで地元で首長選挙があった関係で説明が遅くなったことを重ねておわびを申し上げたい」などとも言っていたが、萩生田が推した候補を当選させるために、選挙の際の「判断材料」を隠しただけだろう。

萩生田は逃げ切ることができたとでも思ったのか、候補者陣営が開いた個人演説会で「東京地検に連れていかれることはございません」と裏金問題をネタにしていたという。また、「『大丈夫か』と街の中でみんなが話していたのだろうと思いますが、そういう問題ではなくて『修正をきちんとする』ということになっております」と検察との「手打ち」までにおわせたとのこと（「日刊ゲンダイ」1月20日付）。

連中がやり始めたのは、責任逃れ、論点のすり替え、事件を政争に利用することだけ。「死人に口なし」とばかりに責任を押し付けた安倍晋三に対しては、今度は「おわび」を始めた。支離滅裂。祟りでも恐れたのか？

高木毅は「安倍さんにこうした事態になったこと、大変申し訳ないと思っています」、西村康稔《やすとし》は「いずれにせよ、このような結果になってしまったことについて、安倍総理に対し、大変申し訳なく思っております」、西田昌司《しょうじ》は「安倍さんの名前を汚しているわけで、非常に情けないし、申し訳ない」。

「安倍の名前」など最初から汚れているし、そもそも安倍による権力の私物化が、このような事態を招いたのである。

再発防止のためには、政治資金規正法の改正や派閥の解消が必要などと世論を誘導する連中も現れたが、最大の防止策は、逮捕、立件に決まっているだろう。

（2024年1月27日）

裏金追及「野党もダメ」という思考停止から卒業する時期

毎日新聞の全国世論調査（1月27、28日実施）によると、自民党派閥の政治資金パーティーを巡る裏金事件で、疑いを持たれている派閥幹部が説明責任を果たしていると思うか尋ねたところ、「果たしているとは思わない」が91％、「果たしていると思う」は、わずか4％だった。それはそうだろう。普通に考えれば理解しようがない。

ＳＮＳには日本の将来について諦めムードが漂う投稿が多かった。「こんな大変な状況なのに野党がだらしなさすぎる」という趣旨の投稿もいくつかあった。私もそう思っていたが、立憲民主党、共産党が目が覚めるような追及をはじめた。

特に1月29日の小西洋之参議院議員の質疑は素晴らしかった。

小西は「繰り返されたトカゲのしっぽ切りで、長年、忠節をもって働いてこられた方（秘書や派閥の会計責任者）だけが起訴され、政治家は起訴されない目を覆うような事態だ」「なぜそうなったのか。検察が権力に屈してしまったんだと思うが、まだ事態は動いている。岸田総理の手で事件の深層を葬り、受けるべき犯罪の処罰を受けず、納税の義務を回避し、脱税にお墨付きを与えようとしている」と指摘。

その通りとしか言いようがない。要するに、〝話をごまかすのはいい加減にしろ、おまえらは犯罪者ではないか〟ということだ。政治資金規正法の改正、派閥の解消、連座制の導入など、それはそれでやればいいが、現行法を普通に適用すればいいだけの話。そういう国を法治国家と呼ぶ。

さらに小西は政治資金収支報告書の訂正内容への外部監査が必要だと主張。岸田は「検察は捜査を行い、法と証拠に基づいて処理すべきものは厳正に処理したと認識している。この判断は重い。それに基づいて報告書の修正が問われているものと承知している」と外部監査には触れなかった。

今回、小西は派閥が議員にキックバックすることも議員がそれを受け取ることも犯罪であるのにそれを検察が捜査していない（と思われる）こと、議員個人の資金であれば納税の義務があるが、収支報告書の訂正により「政治団体の資金」としてマネーロンダリングがなされようとしていることを具体的に指摘。「自民党もダメだが野党もダメ」という思考停止からわれわれも卒業する時期にきている。

（2024年2月3日）

礼賛しながら全否定の離れ業　安倍晋三と「謙虚」と「エセ保守」

トンデモ本「日本国紀」を生み出した百田尚樹と編集した有本香の究極のバカコンビが、また傑作を生み出した。「日本保守党　日本を豊かに、強く。」では安倍晋三を礼賛しながら、安倍を全否定するという離れ業を開陳。百田は「まえがき」で言う。

〈国民の多くが真剣に投票所に足を運び、「売国奴的な政治家」「利権を追い求める政治家」「家業を守るためだけの世襲政治家」などに「NO!」を突きつけ、「真に国を思う政治家」を選ぶことで、この国は少しずつ、しかし確実に良くなります〉

政治に関心がある人なら、日米地位協定の改定に興味を示さず、北方領土の主権を棚上げし、全方位売国を進めた「世襲政治家」の顔を思い出すのではないか。しかし、百田説によると安倍は世襲政治家でも「ごく稀な例外」であり、その存在は「ほとんど奇跡」なのだそう。すべてがこの調子。

〈では保守とは何か。これを定義することは非常に難しく、人によってさまざまな解釈があると思いますが、一つ言えることは、保守の対義語としてリベラルという言葉がありますね〉

百田が保守思想をまったく理解していないことは、安倍を支持していたことからも明らかだ。有本は百田の過去の発言を紹介する。

〈「日本は世界で一番素晴らしい。世界がお手本にしてもいい国です。それをなんで欧米のように変えなければいけないのか。岸田首相はグレートリセットなどと言っているが、なんでそんなことさせなアカンの?」〉

2014年、安倍はダボス会議で電力市場の完全自由化、医療の産業化、コメの減反の廃止、法人税率の引き下げ、外国人労働者の受け入れなどを並べ立て、「そのとき社会はあたかもリセット・ボタンを押したようになって、日本の景色は一変するでしょう」と言い放った。なんでそんなことせなアカンの？

有本の漫談は続く。

〈それと、先ほどの「保守とは何か」というお話に関して、これはエドマンド・バークの保守思想に連なりますが、私は、保守とは一種の「謙虚さ」だと思っています〉「私は総理大臣ですから、森羅万象すべて担当しておりますので」と国会で発言した謙虚さのかけらもない男を担いできたのが、この類いのビジウヨ、エセ保守連中だった。

（2024年2月10日）

自民党下野で統一教会汚染の一掃を

統一教会の関連団体から2021年衆院選の際に支援を受けたと報じられた文部科学相の盛山正仁《まさひと》が、教団との事実上の「政策協定」にあたる推薦確認書に署名していた件。朝日新聞は推薦確認書の写真を入手。盛山は「覚えていない」とごまかし続けたが、国会で問い詰められ、最終的に「サインをしたのであれば、軽率にしてしまったのではないかと思う」と認めた。

この推薦確認書には、〈憲法を改正し、安全保障体制を強化する〉〈家庭教育支援法及び青少年健全育成基本法の国会での制定に取り組む〉〈『LGBT』問題、同性婚合法化に関しては慎重に扱う〉〈アジアと日本の平和と繁栄を目指す「日韓トンネル」の実現を推進する〉などとある。

朝日新聞によると、推薦状は、推薦確認書への署名を条件に授与され、推薦確認書に記された政策の実現に取り組むという条件で教団側が選挙支援をしたと、複数の関係者が証言したとのこと。つまり、盛山は統一教会の方針をわが国において実現させるという約束をしていたわけだ。

また、22年3月の関連団体「UPF・兵庫県平和大使協議会」の総会で、盛山は教団総裁の韓鶴子の演説映像を見たうえで、「先ほどのビデオ、韓半島統一のUPF、立派に開催されたこと、素晴らしいことだなと感銘を受けました」と発言。

盛山だけではない。統一教会と深い関係にある政治家たちが、依然として自民党を牛耳っている。

そこで私はSNSに〈自民党の憲法改正実現本部最高顧問は、統一教会の元顧問弁護士です〉〈勝共連合の改憲案と自民党の改憲草案が、なぜそっくりなのかということを、日本人はきちんと考えたほうがいい〉と投稿しておいた。

17年4月、関連団体の国際勝共連合は「憲法改正について」と題した約17分の動画を公開。副会長の渡辺芳雄は以下の3点を「改憲の優先順位」として掲げた。〈緊急事態条項の創設〉〈家族条項の創設〉〈9条への自衛隊の明記〉。いずれも故・安倍晋三の主張および自民党の改憲案とほぼ同じ内容だ。今回の盛山の件は、それが偶然の一致とは言い切れないことを示している。

これ以上の統一教会汚染を防ぐためには、自民党を下野させるしかない。

（2024年3月16日）

政治不信の元凶へ 「解体的出直し」ではなく「解体」をお願い

岸田文雄がSNSに愚にもつかない投稿をしていた。

〈政治とは実行です。約束したことは必ずやり遂げる、そして次の課題を見つけ取り

組む、その繰り返しが政治です。こうした営みを脈々と果たしてきたからこそ、我々は政権を担わせていただいている〉

面の皮が厚すぎる。これまでも「令和版所得倍増」や「住居費・教育費への支援」といった〝約束〟をほぼ撤回。喫緊の課題は放置するか、隠蔽するか、先延ばしにする。それを繰り返してきたからこそ、内閣支持率はわずか22％（3月16、17日「朝日新聞」全国世論調査）に落ち込んでいるのである。一方、不支持率は67％と、２０１２年末に自民党が政権に復帰して以降で最高となった。

岸田の動きは、ほとぼりが冷めるのを狙って時間稼ぎをしているようにしか見えない。衆院政治倫理審査会（政倫審）がなかなか開かれなかったのも、安倍派幹部に〝配慮〟したからだろう。

3月17日、自民党は党大会を開催。岸田は「なぜ、政治資金の収支を明確にするとの当然のルールすら守れなかったのか。そこに緩みや驕りはなかったか、ものを言えない風土はなかったか、深い反省の上に、政治の信頼回復に向けて、私自身が先頭に立って、自民党改革、政治改革を断行することを改めてお約束いたします」などと言っていたが、その「私自身」が政治不信の元凶。

自民党は安倍、二階両派の議員計80人規模を一斉処分するというが、党が定める処分で最も重い「除名」と、それに次ぐ「離党勧告」は見送るとのこと。議員に連帯責任が科せられる連座制を組み込むかどうかもはっきりしない。これまで通りの、秘書に責任を押し付けて、逃げ切る道が閉ざされたわけではない。統一教会との深い関係についても、実態は解明されていない。

岸田は18日の党役員会で、「先送りできない課題に専念しなければならない。これに尽きる」などと言っていたが、先送りできない問題は、カルトや不正議員に汚染された自民党を封じ込めることである。

自民党は「全く新しく生まれ変わる覚悟で解体的な出直しを図る」との方針を打ち出したが、「解体的」ではなくて「解体」でお願い。

（2024年3月23日）

本書は2021年9月から2024年3月まで「日刊ゲンダイ」に掲載された「それでもバカとは戦え」から主要原稿を抜粋し、加筆・修正してまとめたものです。

おわりに

新自由主義は、自由競争を最重視する。だから、国家による規制、社会保障、福祉政策には否定的になる。連中は、市場にまかせれば、富が増大し、その恩恵が社会全体に行き渡るというトリクルダウンを唱え、自民党の構造改革もこの流れによって行われてきた。

要するに、国家の役割の否定である。

日本はアメリカの猿真似を続けているうちに、アメリカの病まで猿真似するようになった。アメリカでは自由主義者が保守とされる。建国当時から「自由」を神格化しているからだ。イギリスで誕生した保守主義が自由の神格化を警戒するのに対し、アメリカでは新自由主義のようなものが拡大していく余地があった。

日本においては特に平成元年あたりから、アメリカに留学し、アメリカの特殊な保守観にかぶれた連中が台頭するようになる。冷戦におけるアメリカの軍事的な勝利を思想の勝利と受け取った、あるいは意図的に関連づけた連中が「日本とアメリカは運命共同体だ」「アメリカに歯向かうのは左翼だ」などと言い出すようになる。挙げ句の果てには「自由主義こそが保守の本質だ」などと言い出すバカが増えていく。

小泉純一郎は、「日本は、外圧によって今まで改革をしてきた」「米国は勝者として寛大な解放者として振る舞った」「従って、米国は経済問題や社会問題について日本に対してああした方が良いということがあれば遠慮なく言って欲しい」と言い放った。実際、アメリカの要望通り、日本は改造されていく。こうして奴隷による売国合戦が始まった。

実際、アメリカの要望通り、日本は改造されていく。こうして奴隷による売国合戦が始まった。精神的自立を全力で拒否する奴隷が政権中枢に潜り込んだ結果、反国家＝保守という倒錯が発生した。こうした病は、社会的弱者に対するヘイトスピーチや、新型コロナや大地震への無惨な対応など、社会のあちらこちらで、現在、あらわになっている。

適菜　収

適菜 収（てきな・おさむ）

1975年生まれ。作家。近著に『維新観察記 - 彼らは第三の選択肢なのか -』（ワニブックスPLUS新書）、『安倍晋三の正体』（祥伝社新書）。中野剛志氏との共著『思想の免疫力 賢者はいかにして危機を乗り越えたか』（KKベストセラーズ）、『コロナと無責任な人たち』（祥伝社新書）。『ミシマの警告 保守を偽装するB層の害毒』、『小林秀雄の警告 近代はなぜ暴走したのか？』（以上、講談社＋α新書）など著書50冊以上。メルマガ「適菜収のメールマガジン」も継続中。詳細は（https://foomii.com/00171）へ。

続《ぞく》 それでもバカとは戦《たたか》え

２０２４年６月28日 第１刷発行
２０２４年７月31日 第２刷発行

著者 適《てき》菜《な》 収《おさむ》

発行者 寺田俊治
発行所 株式会社 日刊現代
東京都中央区新川１-３-17 新川三幸ビル
郵便番号 １０４-８００７
電話 ０３-５２４４-９６２０
発売所 株式会社 講談社
東京都文京区音羽２-12-21
郵便番号 １１２-８００１
電話 ０３-５３９５-３６０６
印刷所／製本所 中央精版印刷株式会社
表紙・本文デザイン／ＤＴＰ スタジオＳ

ISBN978-4-06-536457-4